AF284472

Hochsensible Kinder erziehen

Wie Sie gefühlsstarke Kinder verstehen, gezielt fördern und liebevoll erziehen – inkl. der besten Alltagstipps für Eltern

Miriam Goedeke

ᚙ INHALT

Das erwartet Sie in diesem Buch

Wir alle kennen den Begriff "Hochsensibilität" aus der Alltagssprache und sind vielleicht schon einmal Menschen begegnet, die sich selbst oder andere als hochsensibel bezeichnen. Jeder Mensch besitzt ein gewisses Maß an Sensibilität und bei dem einen ist dies stärker ausgeprägt als bei dem anderen.

Jeder verspürt gelegentlich eine Art Reizüberflutung und kennt Situationen, in denen er sich unwohl oder überfordert fühlt und aus denen er am liebsten schnell flüchten würde. Jeder hat persönliche Themen oder Lebensbereiche, die ihn besonders berühren oder auf die er sehr empfindlich und dünnhäutig reagiert. Fremde Menschen oder Situationen erst einmal aus sicherer Distanz zu beobachten, statt sich gleich lautstark bemerkbar zu machen, ist zunächst keine ungewöhnliche Verhaltensweise und darüber hinaus sogar gesellschaftlich akzeptiert bzw. erwünscht.

Nur, weil jemand den Duft einer Blume ausgiebig genießen kann und sich lieber in der Natur aufhält als auf einer Kirmes und außerdem nach einem Gespräch besonders lange und intensiv darüber nachdenkt und überhaupt viel grübelt, muss er noch lange nicht hochsensibel veranlagt sein.

Dies gilt nicht nur für Erwachsene, sondern auch für Kinder jeder Altersstufe. Jedes Kind hat seinen eigenen Charakter, ein unterschiedlich stark ausgeprägtes Temperament, seine eigene Persönlichkeit und Familiengeschichte. Nicht jedes introvertierte und schüchterne Kind muss hochsensibel sein. Eine eindeutige Abgrenzung ist entsprechend schwierig und "Schubladendenken" sollte hier – wie auch bei jedem anderen (psychologischen) Thema – vermieden werden.

Dennoch ist es für alle Beteiligten – Eltern, Geschwister, sonstige Familienangehörige, Erzieher, Lehrer etc., am meisten jedoch für das Kind selbst –

nicht nur hilfreich, sondern geradezu unerlässlich, die Hochsensibilität eines Kindes als solche zu erkennen und zu akzeptieren. Ein hochsensibles Kind sollte sich sowohl von seiner Familie und anderen Bezugspersonen als auch von Außenstehenden so angenommen fühlen, wie es ist, und dementsprechend begleitet und unterstützt werden.

Da – wie bereits beschrieben – eine genaue Abgrenzung und Differenzierung insbesondere psychologischen Laien eher schwerfallen könnte, soll dieses Buch Ihnen dabei helfen, eine etwaige Hochsensibilität bei Ihrem Kind zu erkennen und zu verstehen.

Sie werden zunächst den psychologischen Fachbegriff "Hochsensibilität" und seine Forschungsgeschichte kennenlernen. Außerdem werden Sie erfahren, wie Hochsensibilität definiert wird und wodurch diese gekennzeichnet ist. Und auch die Schwierigkeiten, die diese Definition vor allem in der psychologischen Fachwelt und im (neuro-)wissenschaftlichen Diskurs mit sich bringt, werden erläutert.

Es wird ein Einblick in die Gefühlswelten hochsensibler Kinder gegeben und auch erläutert, welche Verhaltensweisen bei hochsensiblen Kindern häufig zu beobachten sind und auf welche Schwierigkeiten sie im Umgang mit anderen Menschen stoßen. Außerdem werden Sie Ratschläge für das Alltagsleben mit einem hochsensiblen Kind erhalten und erfahren, wie Sie als Eltern Ihr hochsensibles Kind bestmöglich begleiten, unterstützen und erziehen.

Was ist Hochsensibilität?

Der Begriff "Hochsensibilität" ist zunächst vor allem umgangssprachlich und populärpsychologisch geprägt. Das Konzept der Hochsensibilität gilt als wissenschaftlich umstritten bzw. viele Wissenschaftler bezweifeln, dass eine entsprechende Diagnose überhaupt gestellt werden kann.

Dies liegt zum einen daran, dass Hochsensibilität sich im Gehirn eines Betroffenen nur schwer nachweisen lässt und zum anderen daran, dass bislang lediglich ein von Elaine Aron entwickelter

Fragebogen zur Diagnosestellung herangezogen wird. Außerdem kritisieren Neurologen, dass Hochsensibilität nur schwer von affektiven Störungen abzugrenzen sei.

Dies ist eines der grundlegenden Probleme bei der Suche nach einer einheitlichen Definition des Begriffes Hochsensibilität, und da es sich zudem weder um eine Krankheit oder ein Syndrom noch um eine psychische Störung handelt, existiert dementsprechend auch kein allgemeingültiges "Krankheitsbild" oder psychisches Störungsbild.

Mithilfe klassischer Persönlichkeitstests ist eine hochsensible Veranlagung nicht ohne Weiteres einzuschätzen oder festzustellen. Und auch darüber hinaus gibt es kein standardisiertes und allgemein anerkanntes diagnostisches Verfahren, wie dies beispielsweise bei Intelligenztests der Fall ist. Diese sind zwar umstritten und deren Validität wird immer wieder angezweifelt. Dennoch sind sie aber standardisiert und medizinisch wie auch psychologisch anerkannt und einheitlich gültig und gelten als das zuverlässigste Testverfahren bei der Ermittlung von Hochintelligenz oder minderer Intelligenz.

Der folgende Fragebogen, den Elaine Aron zur Einschätzung oder Feststellung der eigenen Hochsensibilität vorschlägt, basiert ausschließlich auf

Selbstzuschreibungen und -einschätzungen. Es handelt sich um einfache und leicht verständliche Aussagen, die mit "Ja" oder "Nein" beantwortet werden können.

Elaine Aron hat diesen Test auf Grundlage ihrer langjährigen Forschung und zahlreicher Befragungen hochsensibler Menschen entwickelt und dabei folgende charakteristische Eigenschaften und Verhaltensweisen herausgearbeitet:

- Ich fühle mich durch starke Sinneseindrücke leicht überwältigt.
- Es fällt mir leicht, Feinheiten und Details in meiner Umgebung wahrzunehmen.
- Die Stimmungen anderer Menschen beeinflussen mich.
- Ich reagiere empfindlich auf körperliche Schmerzen.
- Gelegentlich überkommt mich das starke Bedürfnis, mich zurückzuziehen; entweder ins Bett, in einen abgedunkelten Raum oder an einen anderen Ort, wo ich allein bin und mich erholen kann.
- Auf Koffein reagiere ich relativ stark.
- Ich fühle mich schnell überwältigt von grellem Licht, intensiven Gerüchen oder lauten Sirenen.

- Ich habe ein reiches, komplexes und vielschichtiges Innenleben.
- Laute Geräusche bereiten mir Unbehagen.
- Kunst oder Musik bewegen mich tief.
- Gelegentlich fühle ich mich innerlich gestresst, oder meine Nerven liegen blank, sodass ich am liebsten allein sein möchte.
- Ich bin grundsätzlich sehr gewissenhaft.
- Ich bin schreckhaft.
- Es bringt mich aus der Fassung, wenn ich innerhalb kurzer Zeit viel erledigen muss.
- Wenn andere Menschen sich in einer bestimmten Umgebung unwohl fühlen, weiß ich intuitiv, was zu tun ist, um deren Wohlbefinden zu steigern (z.B. Veränderung der Beleuchtung oder Sitzordnung).
- Es ärgert mich, wenn von mir erwartet wird, zu viele Dinge gleichzeitig zu tun.
- Ich bin immer bemüht, Fehler zu vermeiden oder etwas zu vergessen.
- Ich sehe ungern Fernsehsendungen und Filme mit Gewaltszenen.
- Ich fühle mich unangenehm aufgeregt, wenn um mich herum zu viel los ist.

- Großer Hunger löst bei mir starke Reaktionen aus, stört meine Konzentration und beeinträchtigt meine Stimmung.
- Veränderungen in meinem Leben treffen mich sehr heftig.
- Ich bemerke und genieße feine Düfte und Geschmacksrichtungen, schöne Klänge und Kunst.
- Es berührt mich unangenehm, wenn zu viel um mich herum auf einmal passiert.
- Ich versuche, mein Leben so zu organisieren, dass ich Situationen meide, die mich aufregen oder überwältigen könnten.
- Laute Geräusche, Chaos und ähnliche starke Reize stören mich.
- Wenn ich mit anderen Menschen konkurrieren muss oder beobachtet werde, während ich eine Aufgabe erledige, macht mich das so nervös und unsicher, dass ich deshalb schlechter abschneide als sonst.
- Als Kind haben mich meine Eltern und Lehrer als schüchtern und sensibel angesehen.

Wer mindestens 14 dieser Aussagen mit "Ja" beantwortet, könnte als hochsensibel bezeichnet werden. Jedoch ist dieser Test bislang nicht validiert oder standardisiert und dient lediglich der ersten eigenen

Einschätzung und als Anhaltspunkt, nicht aber einem diagnostischen Verfahren. Als alleiniges Instrument zur Feststellung von Hochsensibilität ist dieser Test weder zulässig noch geeignet.

Auch der Test bzw. Aussagenkatalog des Experten für Hochsensibilität namens Rolf Sellin mit Kriterien der Hochsensibilität von Kindern ist eher als "inoffizielle" Einschätzungshilfe zu verstehen, jedoch nicht als anerkanntes diagnostisches Testverfahren.

Oft werden Menschen von ihrem Umfeld schnell und eher lapidar als "hochsensibel" bezeichnet, weil sie etwa schüchtern und introvertiert, verträumt, nachdenklich oder besonders empfindlich, emotional und verletzlich sind, keine Menschenmassen oder lauten Lärm vertragen o.ä. Auch halten viele Menschen sich selbst für hochsensibel, weil sie dies subjektiv einfach so empfinden und ihre eigene Persönlichkeit entsprechend einschätzen und beschreiben.

Es kann davon ausgegangen werden, dass eine solche Selbst- bzw. Fremdeinschätzung sehr häufig nicht zutreffend ist. Bisweilen scheint es sich bei Hochsensibilität um eine Art Modediagnose zu handeln bzw. einige Menschen halten eine solch feinfühlige Persönlichkeitsstruktur für geradezu erstrebenswert und wollen sich gerne damit identifizieren.

Auch mag es Eltern geben, die sich ein hochsensibles Kind wünschen und in ihr Kind die entsprechenden Persönlichkeitsmerkmale hineininterpretieren, weil sie diese vielleicht für edel, charakterstark und sozial erwünscht halten. Im Zweifelsfalle haben einige Eltern wohl doch lieber ein leises, empfindsames und einfühlsames Kind als einen kleinen Rabauken, der laut und weniger sozialverträglich ist und innerhalb von Gruppen oder in der Schule immer wieder negativ auffällt.

Außerdem wird Hochsensibilität vermutlich auch häufiger mit Hochintelligenz verwechselt. Dies ist natürlich für eine Selbsteinschätzung ebenfalls sehr verlockend, ebenso wie vermeintlich hochsensible Kinder von ihren Eltern gelegentlich als "Wunderkinder" bezeichnet werden, auch wenn dies nicht immer der Realität entspricht.

Insofern ist jede laienpsychologische (Selbst-)Diagnose, aber auch jedes undifferenzierte Hineinstecken eines anderen Menschen bzw. Kindes in diese Schublade zunächst mit Vorsicht zu genießen, und sollte bei ernsthaftem Verdacht unbedingt professionell, d.h. von einem Psychologen, Therapeuten oder Kinderarzt abgeklärt bzw. bestätigt werden.

Dennoch steckt hinter echter Hochsensibilität weit mehr als nur ein Modebegriff, und vermutlich hatte jeder (der nicht selbst hochsensibel ist) schon einmal mit einem hochsensiblen Menschen zu tun. Es wird davon ausgegangen, dass etwa 20 Prozent der Bevölkerung (eine aktuelle Studie spricht sogar von bis zu 30 Prozent) und gleichermaßen Männer wie Frauen von Hochsensibilität betroffen sind.

Hochsensibilität nach modernem Verständnis ist ein relativ neues Forschungsgebiet, und bislang gibt es weder eine einheitliche und anerkannte Theorie oder Definition noch ein standardisiertes Verfahren zur Diagnosestellung. Das Phänomen der Unterschiedlichkeit und Individualität bezüglich der menschlichen Reizwahrnehmung und -verarbeitung ist natürlich schon lange bekannt und bot immer schon Raum für Spekulationen. So vermutet man eine Art "biologische Verankerung" der Hochsensibilität bei entsprechend veranlagten Menschen, deren "Reizschwelle des Thalamus" deutlich niedriger sei als bei normalsensiblen Menschen.

Der US-amerikanische Psychologe Jerome Kagan, dessen Forschungsergebnisse vor allem in den Bereichen "Emotionen" und Temperament" von Bedeutung sind, konnte nachweisen, dass das Temperament von Kindern relativ stabil und konstant

bleibt und dass also Verhaltensweisen im Kleinkind-
alter tatsächlich recht zuverlässige Vorhersagen hinsichtlich zukünftiger Verhaltensmuster in der Pu-
bertät und im jungen Erwachsenenalter erlauben.

Auch konnte Kagan physiologische sowie Ver-
haltensunterschiede zwischen zwei Gruppen von
Kindern feststellen. Eine dieser beiden Gruppen be-
stand aus gehemmten (*inhibited*) Kindern, die andere aus ungehemmten Kindern, wobei die gehemmten Kinder nur knapp 20 Prozent insgesamt
ausmachten. Diese zeigten weniger spontanes Sprechen und hielten mehr Distanz zu fremden Erwachsenen sowie auch zu anderen Kindern. Sie spielten
weniger und zeigten eine erhöhte Reizbarkeit. Auch
physiologisch waren Unterschiede festzustellen: So
konnten bei den gehemmten Kindern im Urin mehr
Noradrenalin und im Speichel mehr Cortisol nachge-
wiesen werden.

Diese zu ihrer Zeit neuen Erkenntnisse können
als Vorläufer der späteren Hochsensibilitätsfor-
schung betrachtet werden. Zuvor hatten sich auch
schon Alice Miller, Carl Gustav Jung und Iwan Petro-
witsch Pawlow mit dem Phänomen der erhöhten
Sensitivität beschäftigt, jedoch ohne ein umfassen-
des Konzept oder eine entsprechende Theorie vor-
zulegen und natürlich noch ohne das heute gängige

Verständnis von Hochsensibilität.

Erst Mitte der 90er-Jahre begann die US-amerikanische Psychologin Elaine Aron systematisch und gezielt, sich mit diesem Thema wissenschaftlich auseinanderzusetzen und entwickelte daraus ihren Forschungsschwerpunkt. Sie prägte den Begriff *"Sensory Processing Sensitivity"* (*SPS*) und gilt heute als Pionierin der Hochsensibilitäts-Forschung. Ihr im Jahre 1996 erschienenes Buch "*The Highly Sesitive Person: How to Thrive When the World Overwhelms You*" als allgemein anerkanntes Standardwerk auf diesem Gebiet. Die oben erwähnten Forschungsergebnisse von Jerome Kagan dienten als eine der Grundlagen für Arons Konzept von Hochsensibilität.

Unter "Hochsensibilität" versteht Elaine Aron primär eine bestimmte Persönlichkeitsdisposition, die sich vor allem durch Übererregbarkeit und höhere sensorische Verarbeitungssensitivität (*"Sensory Processing Sensitivity"*) bemerkbar macht. Hochsensible Menschen sind allgemein emotionaler, reagieren besonders stark und empfindsam auf Umwelteinflüsse und haben eine niedrige sensorische Reizschwelle.

Sowohl positive als auch negative Reize und Erlebnisse werden intensiver wahrgenommen und reflektiert, und es kommt schneller zu

Überreizungsreaktionen. Hochsensiblen Menschen scheint ein "Filter" zu fehlen, der sie vor zu vielen äußeren Einflüssen, Reizen und Eindrücken schützt und der ihnen dabei helfen würde, sämtliche Informationen, Wahrnehmungen und Gefühle nach ihrer Relevanz und tatsächlichen Bedeutung zu selektieren. Vielmehr wird jedes noch so nebensächliche Detail innerlich aufgesogen, analysiert und maximal intensiv verarbeitet. Dazu gehören sämtliche Einflüsse und Sinneseindrücke wie Geräusche, Gerüche, Gedanken und Gefühle jedweder Art.

Diese Unfähigkeit zur Differenzierung bringt hochsensible Menschen schnell und häufig an die Grenzen ihrer Belastungsfähigkeit, weshalb sie auf regelmäßige Erholungspausen angewiesen sind und sich gerne gelegentlich "ausklinken", um wieder zur Ruhe zu kommen, die vielen auf sie einprasselnden Sinneseindrücke und Informationen zu verarbeiten und eine komplette Reizüberflutung zu vermeiden. Viele Betroffene bezeichnen sich selbst als introvertiert und emotional eher instabil, seien dafür aber besonders offen für neue Erfahrungen. Überhaupt kann Hochsensibilität Fluch und Segen zugleich sein.

Wie bereits erläutert, bedeuten die überdurchschnittlich hohe Empfindsamkeit und die leichte Überreizbarkeit natürlich eine enorme und permanente seelische und mitunter auch körperliche Belastung für einen hochsensiblen Menschen. Zudem mangelt es vielen Hochsensiblen an einem gesunden Maß an Abgrenzungsfähigkeit, d.h. sie sind nicht nur besonders feinfühlig und empfänglich für die Stimmungen, Gefühle und Befindlichkeiten anderer Menschen, sondern nehmen sich diese bisweilen so sehr zu Herzen, dass sie außergewöhnlich intensiv mitfühlen, mitleiden, mittrauern, mitgrübeln und sich davon "aus der Bahn werfen lassen", als gehe es um ihre eigenen Gefühle und Probleme.

Es fällt ihnen außerdem schwer, Prioritäten zu setzen und zwischen den für sie wichtigen und unwichtigen Dingen zu unterscheiden. Sie laden sich nicht nur die Probleme anderer auf, sondern nehmen darüber hinaus alles übermäßig ernst und wichtig und wollen jede noch so kleine Aufgabe fehlerfrei und perfekt erledigen.

In Arbeitsbereichen, in denen Schnelligkeit und Effizienz gefragt sind, kann eine solche (wenn auch unfreiwillige oder gar unbewusste) Herangehensweise eher hinderlich sein und Arbeitsabläufe unnötig verzögern und kompliziert machen. Außerdem sind das teilweise unangemessene und ungefragte Einfühlungsvermögen sowie der Hang zum Perfektionismus natürlich sehr anstrengend und können auf längere Sicht auch gefährlich für die eigene seelische Gesundheit und Stabilität sein. Andererseits beinhalten diese Eigenschaften aber auch großes Potenzial und können in wertvolle zwischenmenschliche Fähigkeiten umgemünzt werden.

So können ihr ausgeprägtes Einfühlungsvermögen, ihre Hilfsbereitschaft und ihre besondere "Antenne" für die Bedürfnisse und Gefühle anderer hochsensiblen Menschen durchaus nützlich sein und weiterhelfen, etwa im Bereich sozialer oder erzieherischer Berufe und Tätigkeiten.

Darüber hinaus besitzen Hochsensible meist ein auffallend gutes Verhandlungsgeschick und ihre diplomatischen Fähigkeiten sowie ihr ausgeprägter Gerechtigkeitssinn helfen ihnen dabei, Konflikte zu lösen und Streit zu schlichten, ohne einen der Beteiligten zu verletzen oder jemandem zu nahe zu treten. Sie sind so auch in der Lage, ein Problem von allen Seiten zu beleuchten und abzuwägen, welche die beste Lösung für alle ist und wie man allen Beteiligten am besten gerecht wird. Daher sind hochsensible Menschen gegebenenfalls auch für Führungspositionen besonders gut geeignet.

Der für hochsensible Menschen charakteristische Perfektionismus ist besonders hilfreich in Berufen oder Tätigkeiten, in denen nicht Schnelligkeit, sondern Sorgfalt und Gründlichkeit gefragt sind bzw. bestimmte Qualitätsansprüche erfüllt werden müssen. Aber auch bei künstlerischen/ kreativen oder intellektuellen Tätigkeiten oder aber in Berufen, in denen Verantwortung für andere Menschen (oder Tiere) übernommen werden muss, ist dieser sehr zuträglich. Zudem besitzen hochsensible Menschen ein gutes Gespür für zukünftige oder mögliche Trends und ebenso beispielsweise für Kundenwünsche und sind so für viele Unternehmen eine viel gefragte Bereicherung.

Elaine Aron zufolge sind vor allem in folgenden Berufen überdurchschnittlich viele hochsensible Menschen anzutreffen: bei Geistlichen, Schriftstellern, Künstlern, Philosophen, Richtern, Forschern, Wissenschaftlern und Historikern.

Im Großen und Ganzen muss Hochsensibilität also einem erfüllenden und erfolgreichen (Berufs-)Leben nicht im Wege stehen, sondern kann im Gegenteil wertvolle und nützliche Fähigkeiten, Begabungen und berufliche Qualifikationen hervorbringen.

Hierfür muss natürlich zunächst die eigene Hochsensibilität bzw. die des eigenen Kindes als solche erkannt, akzeptiert und in ihren besonderen Vorzügen gefördert werden. Ein hochsensibler

Mensch sollte sich an seinen Stärken (nicht an seinen "Schwächen") orientieren. Außerdem muss er seine Fähigkeiten bewusst und zielorientiert einsetzen, damit diese zu erfolgversprechenden Qualitäten weiterentwickelt werden können.

Obwohl Hochsensibilität selbst weder ein Syndrom noch eine psychische Störung oder gar Krankheit ist, kommen psychische Störungen bei hochsensiblen Menschen tendenziell häufiger vor.

Dies ist vor allem auf deren erhöhte emotionale und seelische Verletzbarkeit zurückzuführen. Allerdings sind diesbezüglich geschlechtsspezifische Unterschiede festgestellt worden: So tragen hochsensible Männer im Vergleich zu normalsensiblen Menschen ein 12-fach erhöhtes Risiko für die Entwicklung einer psychischen Störung. Hochsensible Frauen haben hingegen nur ein 8,5-fach erhöhtes Risiko. Nach der Diagnose bzw. Feststellung ihrer hochsensiblen Veranlagung fühlen Betroffene sich häufig erleichtert. Hatten sie doch vorher schon seit vielen Jahren oder sogar ihr ganzes Leben lang das diffuse Gefühl, dass mit ihnen etwas nicht stimmt und sie anders sind als andere Menschen, sich jedoch den Grund dafür nicht erklären können.

Sie leiden unter dem Gefühl, eine psychische Erkrankung oder Störung zu haben, und verspüren -

häufig nach einer jahrelangen Odyssee von psychologischen Beratungen und Therapien - eine große
Erleichterung, wenn sie erfahren, dass sie nicht
krank oder gestört sind, sondern eine angeborene
Veranlagung zur Hochsensibilität haben, mit der sie
eben nur umzugehen wissen sollten. Die Vermutung
einiger Forscher, dass Hochsensibilität beispielsweise traumabedingt auch erst im Laufe des Lebens
entstehen kann, wurde bislang noch nicht wissenschaftlich erwiesen.

Ursachen

Als Ursache für Hochsensibilität sieht Elaine Aron vor allem eine grundlegende psychobiologische Veranlagung. Hochsensibilität sei demzufolge eine Form von angeborenem Temperament und die Neigung zur Hochsensibilität meist genetisch bedingt, wobei Elaine Aron nicht ausschließt, dass diese auch im Laufe des Lebens infolge von Traumata oder Dauerstress entstehen kann.

Konkret macht Elaine Aron eine bestimmte Konstitution derjenigen neuronalen Systeme des Gehirns verantwortlich, die für die Reizverarbeitung zuständig sind, hierbei insbesondere Abweichungen im Bereich der Großhirnrinde und des Thalamus. Hirnforscher konnten nachweisen, dass die bei hochsensiblen Menschen erhöhte Aktivität im Frontalcortex für eine stärkere und subtilere Verarbeitung und Speicherung von Informationen, Eindrücken und Wahrnehmungen verantwortlich ist, ebenso wie zu einer schnelleren Reaktion auf Reflexe. Dies könnte zu dem für hochsensible Menschen typischen stärkeren Bewusstsein bezüglich der eigenen Person, anderer Menschen und der Umwelt führen.

Das Nervensystem hochsensibler Menschen scheint also besonders reizempfänglich zu sein und die Reflexe schneller, was sich u.a. in Form einer höheren Schmerzempfindlichkeit bemerkbar macht.

Im Jahre 2011 gelang es chinesischen Forschern erstmals, die Annahme einer genetischen Disposition zur Hochsensibilität neurowissenschaftlich zu untermauern. So konnten sie zehn Gen-Orte auf sieben Genen des Dopamin-Systems nachweisen, die mit Hochsensibilität in Zusammenhang stehen. Ebenfalls im Jahr 2011 fanden außerdem dänische Wissenschaftler heraus, dass zumindest teilweise ein bestimmtes Serotonin-Transporter-Gen für Hochsensibilität verantwortlich ist.

Auch andere Psychologen gehen davon aus, dass Hochsensibilität vor allem genetisch bedingt ist, was u.a. bedeutet, dass die Kinder hochsensibler Eltern

mit höherer Wahrscheinlichkeit ebenfalls zur Hochsensibilität neigen. Allerdings zeigen neuere Studien, dass auch der Einfluss traumatisierender (Kindheits-)Erfahrungen und Ereignisse weitaus stärker zu sein scheint als bislang angenommen.

Insbesondere die Entwicklung ausgeprägter Schüchternheit sowie negativer Emotionalität bei Menschen mit biografischer Vorbelastung (seelische Traumata, Gewalt- oder Missbrauchserfahrungen, familiäre/häusliche Konflikte oder eine problembelastete Sozialisation) scheint durch Hochsensibilität begünstigt zu werden. Dies bedeutet auch, dass hochsensible Menschen nicht unbedingt von Natur aus schüchtern sind und zu negativer Emotionalität neigen, sondern diese Eigenschaften erst in Kombination mit traumatischen Erfahrungen und biografischer Vorbelastung entstehen bzw. sich entfalten.

Darüber hinaus werden gelegentlich Überschneidungen der Merkmale von ADHS-Betroffenen und hochsensiblen Menschen beobachtet. Dies lässt einen Zusammenhang zwischen ADHS und Hochsensibilität vermuten, der jedoch bislang als nicht erwiesen gilt und deshalb als Spekulation anzusehen ist.

Zusammenfassend lässt sich feststellen, dass die genauen Ursachen des Phänomens "Hochsensibilität" nicht eindeutig und abschließend geklärt sind,

da relativ wenige Studien mit diesem Themengebiet und insbesondere mit konkreter Ursachenforschung beschäftigen.

Hochsensibilität bei Kindern

Die Neigung zur Hochsensibilität beginnt natürlich nicht erst im Erwachsenenalter, sondern macht sich in der Regel schon im frühesten Kindesalter bemerkbar. Es kann sogar davon ausgegangen werden, dass eine hochsensible Veranlagung durch entsprechende Verhaltensmuster bereits bei Säuglingen auffallen kann.

So beobachten hochsensible Säuglinge ihre Umwelt zwar sehr intensiv und aufmerksam, haben aber andererseits ein geringeres Bedürfnis, ihre Umgebung selbst aktiv zu erkunden. Elaine Aron bezeichnet dies als "Verhaltenshemmsystem", welches bei hochsensiblen Kindern besonders aktiv ist. Ob sich allerdings eine hochsensible Veranlagung bereits im Säuglingsalter nachweisen lässt, ist nicht erwiesen. Auch Elaine Aron räumt ein, dass es keine eindeutige Erkennungsmethode gibt, weil auch nicht-hochsensible Säuglinge nach der Geburt eine gewisse Zeit benötigen, um sich auf das Leben außerhalb der Gebärmutter einzustellen, sodass beispielsweise selbst häufiges Schreien nicht unbedingt ein Anzeichen für Hochsensibilität sein muss. Elaine Aron zufolge kann der dauerhaft erhöhte Aufmerksamkeitspegel eines Babys hingegen ein Anzeichen für Hochsensibilität sein.

Bei zu vielen Sinneseindrücken oder Aktivitäten, in einer zu lauten oder hektischen Umgebung oder innerhalb von Menschenmassen bzw. allgemein bei Reizüberflutung fühlen sich hochsensible Säuglinge zudem schnell unwohl und reagieren verstört und quengelig.

Wobei aber auch angemerkt werden muss, dass Überstimulation wohl für jedes Baby – ob hochsensibel oder nicht – schwer zu verarbeiten ist. Die Übergänge sind in diesem Zusammenhang fließend und eine definitive Abgrenzung entsprechend schwierig. Im Nachhinein gesehen fällt es den Eltern eines hochsensiblen Kindes wohl sprichwörtlich wie

Schuppen von den Augen und das gesamte Verhalten des Kindes, sein Charakter und seine Persönlichkeitsentwicklung scheinen rückblickend plausibel, logisch und einen Sinn zu ergeben.

Dies natürlich erst im späteren Verlauf, wenn die Diagnose feststeht (sofern man überhaupt von einer Diagnose sprechen kann, da es sich weder um eine Krankheit noch eine psychische Störung handelt) bzw. wenn mehr oder weniger zweifelsfrei geklärt ist, dass das Kind tatsächlich eine hochsensible Veranlagung hat. Bis dahin tappen viele Eltern meist jahrelang im Dunkeln, sorgen sich wegen der "Andersartigkeit" ihres Kindes und wissen sich selbst und ihrem Kind nicht zu helfen.

Gerade im Säuglingsalter scheuen sich viele Eltern, aber auch Fachleute wie Psychologen und Kinderärzte, dem Kind schon so früh einen Stempel aufzudrücken bzw. sich auf einen solch weitreichenden Erklärungsansatz festzulegen. Es ist nachvollziehbar, dass man das Verhalten und die emotionale Entwicklung eines Säuglings nur ungern in dieser Art analysiert oder gar diagnostiziert, da somit das Kind in eine "Schublade" gesteckt würde, aus der es nur schwer wieder herauskäme.

Wie bereits erläutert, lassen sich dennoch schon bei Babys und sogar auch bei Neugeborenen einige charakteristische Eigenschaften und Verhaltensweisen erkennen. Neben der Überempfindlichkeit gegenüber Umwelteinflüssen und Sinneseindrücken jeglicher Art und einer ausgeprägten Vorliebe für eine aufmerksame und interessierte Beobachtung ihrer Umgebung bedürfen hochsensible Säuglinge oft besonders viel Nähe, brauchen viel Körperkontakt und emotionale Zuwendung durch ihre Bezugspersonen.

Zudem fühlen sie sich in ihrer vertrauten Umgebung wohl und wollen diese nur ungern verlassen. Gleiches gilt sowohl für gewohnte Rituale und Abläufe, die ihnen Sicherheit bieten als auch für den festen und nach Möglichkeit immer gleichbleibenden Tagesablauf. Zu viele fremde Menschen (auch etwa bei "Kennenlern-Besuchen" nach der Geburt) oder neue Situationen wirken irritierend und mitunter verstörend auf ein hochsensibles Baby. Das kann dann eben zu jener, für hochsensible Menschen typischen, schnellen Überreizung und den damit verbundenen emotionalen und/oder körperlichen Stressreaktionen führen.

Auch im weiteren Kindheitsverlauf, d.h. als Kleinkind und später dann als Schulkind, ist die Gefahr von Überreizung, Überforderung und Überstimulation – etwa durch zu viele äußere und ungefilterte Eindrücke – einschließlich der damit verbundenen Abwehrreaktionen, Verarbeitungsmechanismen und Verhaltensmuster stets präsent. Die emotionale Intuition sowie die Wahrnehmungs- und Reflexionsfähigkeit auch auf der Gefühlsebene sind bei hochsensiblen Kindern deutlich intensiver und differenzierter als bei ihren Altersgenossen.

Die Stimmungen und Befindlichkeiten anderer Menschen werden von hochsensiblen Kindern nicht nur intuitiv wahrgenommen, sondern auch in einer Art "innerem Diskurs" reflektiert und hinterfragt. Sie sind dadurch auch besonders empathisch und haben eine "Antenne" für die Gefühle ihrer Mitmenschen, könnten (sollten aber nicht!) sogar bessere Gesprächspartner sein als manch ein Erwachsener. Eine gewisse emotionale, seelische und soziale "Frühreife" kann hochsensiblen Kindern deshalb durchaus attestiert werden.

Sie sind somit auch eher in der Lage, subtile Informationen aufzunehmen und einzuordnen, z.B. Ironie und Sarkasmus zu verstehen, zwischen den Zeilen zu lesen und auch Zwischentöne in der Kommunikation wahrzunehmen, ebenso wie Sympathie oder unterschwellige Antipathie. Dies ist keineswegs selbstverständlich, da es sich hierbei meist um feine (zwischenmenschliche) Nuancen handelt, die

Kinder in der Regel noch nicht erfassen und erst recht nicht verstehen oder interpretieren können.

Elaine Aron bezeichnet diese ausgeprägte Wahrnehmungsfähigkeit als "komplexes Denksystem", welches die Natur diesen Kindern quasi installiert hat. Dies bedeute demzufolge aber auch, dass es mehr Zeit benötige, die dazugehörige "Gebrauchsanweisung" für ein hochsensibles Kind zu studieren. Denn diese intuitiven Fähigkeiten und die intensive Emotionalität müssen nicht immer nach außen gerichtet sein.

Unter Umständen fallen sie selbst den Eltern oder anderen Bezugspersonen lange Zeit gar nicht auf, weil ihr hochsensibles Kind sämtliche Gemüts- und Gefühlszustände bis hin zum inneren Gefühlschaos mit sich allein ausmacht. Dies kann zur Folge haben, dass ein hochsensibles Kind zwar innerlich sehr aufgewühlt ist und sich im ständigen Dialog mit sich selbst befindet, aber niemand anderen (auch nicht die engsten Bezugspersonen) daran teilhaben lässt.

Im Extremfall ahnen die Eltern jahrelang nichts davon, was in ihrem Kind vor sich geht und welche Fähigkeiten (aber auch damit verbundene Schwierigkeiten und innere Konflikte) es hat. Sie spüren vielleicht nur, dass ihr Kind viel grübelt, sehr mitfühlend und empfindsam ist und immer wieder etwas "mit sich herumträgt und in sich hineinfrisst".

Viele hochsensible Kinder sind außerdem unausgeglichen und kommen häufig auch nachts nicht zur Ruhe, neigen zu Schlafstörungen, können nicht gut ein- oder durchschlafen, wachen oft nachts oder morgens viel zu früh auf. Auch dies ist darauf zurückzuführen, dass die Verarbeitung sämtlicher am Tag aufgenommenen Informationen, Einflüsse und Wahrnehmungen so komplex und raumfordernd ist, dass sie einem hochsensiblen Kind förmlich den Schlaf raubt.

Die allzeit bereite Aktivität des hochsensiblen Nerven- und Wahrnehmungssystems birgt eben auch das permanente Risiko von Überforderung und Überreizung. Die Anpassungs- und Denkleistung eines hochsensiblen Kindes übersteigt die eines normalsensiblen Kindes deutlich. Dies verlangt ihm aber auch viel ab, nämlich seine zahlreichen und komplexen Gefühle und Wahrnehmungen zu verarbeiten und einzuordnen sowie zwischen wichtigen und unwichtigen Informationen zu differenzieren und infolge dessen die unwichtigen Informationen auszusortieren. Gerade diese Filterung und Prioritätensetzung fällt hochsensiblen Kindern besonders schwer, da ihnen eben jede Information wichtig

erscheint und sie sich auch über vermeintlich nebensächliche Details den Kopf zerbrechen.

Ebenfalls auffällig bei vielen hochsensiblen Kindern ist eine mehr oder weniger stark ausgeprägte
Neigung zum Perfektionismus. Besondere Gewis-
senhaftigkeit, Gründlichkeit und eventuell auch Ord-
nungsliebe sind charakteristisch. Unordnung und
Chaos irritieren ein hochsensibles Kind ebenso sehr
wie die eigene Überzeugung, etwas nicht "perfekt"
oder gut genug gemacht zu haben. Dementsprechend niedrig ist die Frustrationstoleranz hochsensibler Kinder, die sich jede Kritik zu Herzen nehmen
und dann meist lange Zeit brauchen, um ihr inneres
Gleichgewicht wiederzuerlangen.

Hochsensible Kinder fallen nicht zwangsläufig
durch ein geringes Selbstwertgefühl auf, jedoch ist
dieses deutlich instabiler und fragiler als bei normalsensiblen Kindern. Jedes - auch neutrale - Feedback,
jede Beurteilung oder Bewertung wird von einem
hochsensiblen Kind genau analysiert und dann meist
überbewertet. Andererseits besitzen hochsensible
Menschen bereits im Kindesalter ein ausgeprägtes
diplomatisches Geschick, Gerechtigkeitssinn und ein
sehr gutes Gespür für die Lösung von Konflikten und
(zwischenmenschlichen) Problemen. So können sie
z.B. zwischen streitenden Kindern vermitteln und

sich so von Außenseitern und Eigenbrötlern zu gefragten und beliebten "Schiedsrichtern auf dem Schulhof" entwickeln.

Im Allgemeinen haben hochsensible Kinder eher wenige, dafür aber gute und langjährige Freunde, denen sie auch nach Ende eines Lebensabschnitts (z.B. nach der Grundschulzeit) gerne treu bleiben. Außerdem erlaubt es ihnen ihre komplexe und differenzierte Wahrnehmung, mehr Details gleichzeitig zu erfassen als normalsensible Kinder, was sowohl im alltäglichen Leben als auch bei speziellen Aufgaben in den verschiedensten Bereichen von Vorteil sein kann.

Wenn diese Fähigkeit und generell eine hochsensible Veranlagung mit einer überdurchschnittlichen Intelligenz zusammentreffen, dann beinhaltet diese Kombination ein unvorstellbar großes Potenzial. Solch hochsensible und hochintelligente Kinder wären theoretisch in der Lage, große Projekte zu leiten, wissenschaftliche Abhandlungen zu schreiben oder ein Orchester zu dirigieren. Natürlich benötigt ein hochsensibles und hochintelligentes Kind zunächst einmal die entsprechende Unterstützung bzw. seine vielseitigen Fähigkeiten müssen überhaupt erst erkannt und gefördert werden, um das enorme Potenzial voll ausschöpfen zu können.

Aber auch hier ist Vorsicht geboten: Hochsensibilität und Hochbegabung bzw. Hochintelligenz können zusammen auftreten, müssen aber nicht. Nicht jedes hochsensible Kind ist automatisch hochintelligent oder umgekehrt, und beides sollte nicht verwechselt werden. Die Bandbreite ist ebenso groß wie die individuellen Unterschiede.

Ihre vielen starken Gefühle, egal ob positiv oder negativ, fressen hochsensible Kinder meist über lange Zeit in sich hinein, vertrauen sich niemandem an und machen alles mit sich allein aus. Weder neigen sie zu Selbstmitleid, noch wollen sie ihre aufgewühlte Gefühlswelt nach außen demonstrieren oder gar ausführlich darüber sprechen. Erst recht liegt es ihnen fern, andere Menschen als "seelische Mülleimer zu missbrauchen".

Vielmehr kann irgendwann eine Kleinigkeit das Fass zum Überlaufen bringen, worauf hochsensible Kinder anschließend häufig mit Gefühlsausbrüchen reagieren, die ihre Familie oder andere Menschen in ihrem Umfeld dann nicht richtig einordnen oder nachvollziehen können und sich dadurch vor den Kopf gestoßen fühlen. Das Zusammenleben mit hochsensiblen Kindern, insbesondere wenn deren Hochsensibilität nicht als solche erkannt wird, kann durch deren vermeintliche Unberechenbarkeit und

Impulsivität massiv beeinträchtigt werden. Weiter-gehende Konflikte und Missverständnisse sind dann praktisch vorprogrammiert. Doch nicht jedes hoch-sensible Kind neigt zu Impulsivität und Gefühlsaus-brüchen, wie wir im nächsten Kapitel erfahren wer-den.

Grundsätzliche Unterschiede zwischen hoch-sensiblen und normalsensiblen Kindern bezüglich der Beziehung zu ihren Eltern konnten bislang nicht festgestellt werden. So unterscheiden sich hochsen-sible von normalsensiblen Kindern nicht darin, wie stark ihre Bindung zu ihren Eltern ist oder wie warmherzig, zugewandt und liebevoll sie diese wahrnehmen.

Jedoch bezeichnen Jugendliche und junge Er-wachsene, die von ihren Eltern überbehütet, bevor-mundet und in unangemessener Abhängigkeit ge-halten wurden, sich selbst häufiger als hochsensibel (eventuell, weil diese Kinder später als Erwachsene aufgrund ihrer anerzogenen Unselbstständigkeit sich selbst weniger zutrauen, dünnhäutiger sind und weniger aushalten). Umgekehrt scheinen hochsen-sible Jugendliche und junge Erwachsene, die in ihrer Kindheit eine hohe, aber gesunde elterliche Für-sorge und eine liebevolle und zugewandte Erzie-hung erfahren haben, ohne jedoch überbehütet oder bevormundet worden zu sein, mehr psychische und emotionale Stabilität und auch einen besseren Zugang zu ihrer Gefühlswelt zu besitzen.

Hyper-Typus und Hypo-Typus

Der Buchautor Rolf Sellin, einer der in Deutschland führenden Experten für Hochsensibilität und selbst hochsensibel, unterscheidet zwischen zwei Grundtypen hochsensibler Kinder: dem eher seltenen Hyper-Typus und dem häufigeren Hypo-Typus, die jeweils für ein Extrem stehen (wobei es auch Misch-Typen geben kann, die Eigenschaften beider Typen besitzen).

Der Hyper-Typ neigt zu der im vorangegangenen Kapitel beschriebenen Impulsivität bis hin zu Explosivität, die sich in Form von Jähzorn, Aggressivität und plötzlichen Gefühlsausbrüchen äußern kann. Seine Gefühlsskala reicht von "himmelhoch-jauchzend" bis "zu Tode betrübt, wobei die Gefühls-schwankungen mitunter sehr stark und unerwartet sein können. Hochsensible Kinder des Hyper-Typus sind eher expressiv und in der Lage, ihre Gefühle zu zeigen und auszudrücken.

Überhaupt sind sie sehr ausdrucksfähig und nei-gen dabei zu gelegentlichen Übertreibungen bis hin zur Dramatik. Sie verzweifeln dann jedoch schnell o-der verlieren die Geduld, wenn sie etwas nicht ver-stehen oder sich unverstanden und gekränkt fühlen. Zu einer inneren Balance oder Ausgeglichenheit zu finden, fällt ihnen noch schwerer als hochsensiblen Kindern des Hypo-Typus.

In Situationen der Reizüberflutung und inneren Überforderung reagieren sie deshalb nicht mit Rück-zug, sondern im Gegenteil mit einer Art Verhaltens-spirale aus Albernheit und Überdrehtheit, aus der sie dann nur schwer wieder herausfinden. Jedoch auch vermeintlich destruktive Stressreaktionen, z.B. Wut, aggressives Verhalten, motorische Unruhe, Schlafstörungen oder sogar psychosomatische Er-krankungen gehören zum Verhaltensrepertoire von hochsensiblen Kindern des Hyper-Typus, wenn sie sich in den Momenten von Überreizung und innerer Anspannung   ausbalancieren   und   abreagieren müssen. Das Zusammenleben mit einem Kind des Hyper-Typus wird so noch zusätzlich erschwert und die Geduld aller Familienmitglieder auf eine harte Probe gestellt, woraus nicht selten weitergehende familiendynamische Konflikte resultieren.

Selbst wenn Eltern und Geschwister sich der hochsensiblen Veranlagung des Kindes bewusst sind, wird ihnen einiges an Nachsicht und Verständnis abverlangt, was im hektischen und durchgetakteten Familienalltag, in dem jeder auf seine Art "funktionieren" muss, oft schwer zu leisten ist. Auch im sonstigen sozialen Umfeld, d.h. in der Schule, in Vereinen oder im Freundeskreis, sind solch aggressive Verhaltensweisen, aber auch ständige Albernheit und Überdrehtheit in der Regel nicht erwünscht und werden nicht geduldet oder sogar sanktioniert, was die Problematik des Kindes noch weiter verschlimmert.

Gelegentlich zeigen hochsensible Kinder des Hyper-Typus auch ADHS-ähnliche Verhaltensweisen und Eigenschaften, wobei die Verwechslungsgefahr groß ist und im ungünstigsten Fall das Kind mit ADHS-Medikamenten, beispielsweise Ritalin, behandelt wird. Dies ist nicht nur deshalb zu vermeiden, weil bei hochsensiblen Kindern des Hyper-Typus ADHS-Medikamente nicht indiziert sind und deshalb körperlichen wie auch kognitiven und seelischen Schaden anrichten können. Vielmehr profitieren hochsensible Hyper-Kinder im Gegensatz zu Kindern mit ADHS schon allein von einer reizarmen Umgebung. Konzentrationsschwierigkeiten und Aufmerksamkeitsdefizite könnten so bereits deutlich reduziert werden, ohne dass Medikamente nötig sind.

Allerdings ist der Hyper-Typus vergleichsweise selten und macht den kleineren Teil der hochsensiblen Kinder aus.

Der Hypo-Typ hingegen kommt häufiger vor. Dieser ist eher "implosiv" und neigt dazu, seine Gefühle und Probleme in sich hineinzufressen, statt diese offen zu äußern. Außerdem sind hochsensible Kinder dieses Typs sehr gewissenhaft bis perfektionistisch, stellen an sich selbst hohe Ansprüche und verzweifeln häufig daran, ihren eigenen Ansprüchen nicht gerecht werden zu können.

Zudem wollen sie alles richtig machen und sich anpassen, sind schnell verunsichert und ängstlich und wollen unter keinen Umständen negativ auffallen. Statt ihre Gefühle offen zu zeigen oder zu artikulieren, ziehen sie sich zurück oder jammern. Wenn es hochsensiblen Kindern des Hypo-Typus schlecht geht, sie Kummer oder Probleme haben, zeigt sich dies eher in körperlichen Symptomen und Reaktionen als in Gefühlsausbrüchen.

Obwohl sie mit ihrem passiven und introvertierten Verhalten weniger gegen die gängigen sozialen Normen und Regeln verstoßen als hochsensible Kinder des Hyper-Typus und so wohl auch kaum negativ auffallen oder auf Ablehnung stoßen, manövrieren sich Kinder des Hypo-Typus durch ihre ausgeprägten Rückzugstendenzen selbst in eine (unfreiwillige oder beabsichtigte) Außenseiterrolle, da sie am liebsten im Hintergrund bleiben, sich niemandem anvertrauen und mitteilen wollen und sich z.B. an Aktivitäten und am Gruppengeschehen nicht beteiligen.

Folgt man dieser Unterscheidung zwischen Hyper-Typus und Hypo-Typus, dann sollten Eltern und Pädagogen noch genauer hinsehen, da eben beide Extreme auf eine hochsensible Veranlagung hinweisen können. Insbesondere beim Hyper-Typus sind eine genaue Differenzierung und Abgrenzung schwierig, aber gerade deshalb umso wichtiger, da das Verhaltensmuster dieser Kinder irreführend sein kann und aufgrund dessen falsch bzw. gar nicht interpretiert oder fälschlicherweise sogar mit ADHS verwechselt wird, was dann fatale Folgen haben kann. Falls es überhaupt einen Unterschied

zwischen den Geschlechtern hinsichtlich der Veranlagung zur Hochsensibilität gibt (wie bereits er-
wähnt, sind Männer und Frauen bzw. Jungs und
Mädchen gleichermaßen betroffen), dann wohl am
ehesten den, dass aufmerksame Alltagsbeobachtun-
gen bisweilen mehr oder wenige starke geschlechtsspezifische Unterschiede in den Persönlichkeits-
merkmalen, Verhaltensweisen und im Umgang mit
Hochsensibilität zeigen.

So tendieren Mädchen wohl stärker zu einer
Überanpassung, d.h. zu gefälligem und sozial er-
wünschtem Verhalten, was den Eigenschaften des
oben beschriebenen Hypo-Typus recht nahekommt.

Dies dürfte darauf zurückzuführen sein, dass die
kommunikativen und verbindenden Fähigkeiten sowie die soziale Kompetenz von Mädchen meist doch
stärker ausgeprägt sind als die von Jungen. Außerdem entspricht dieses "brave", angepasste und pas-
sive Verhaltensmuster dem impliziten, aber immer
noch präsenten kollektiven Rollenbild, das be-
schreibt, wie ein Mädchen sich zu verhalten hat. Hingegen würde ein hochsensibles Mädchen, welches
dem extrovertierten und aggressiven Hyper-Typus
entspricht, innerhalb seines sozialen Umfeldes vermutlich noch weniger Akzeptanz und Verständnis
erfahren. Letztendlich wird Jungs hingegen doch -

auch in einer aufgeklärten Gesellschaft wie unserer - eher zugestanden, weniger gesellschaftskonform zu sein und stattdessen öfter mal "über die Stränge zu schlagen".

Hochsensiblen Jungs fällt es häufig noch schwerer als Mädchen, ihre Veranlagung zu akzeptieren, anzunehmen und dazu zu stehen, insbesondere vor Gleichaltrigen. Zudem laufen Jungs eben auch mehr Gefahr als Mädchen, mit ihrer "Andersartigkeit", d.h. durch allzu viel Empfindsamkeit und "weinerliches" Verhalten, mit dem männlichen Rollenbild zu kollidieren und vor allem unter ihren Altersgenossen negativ aufzufallen oder gar zum Außenseiter und Sonderling abgestempelt zu werden.

Der (wenn auch latente) soziale Druck, der auf hochsensiblen Jungs lastet, ist also ungleich schwerer als bei hochsensiblen Mädchen. Um diesem sozialen Druck irgendwie zu begegnen bzw. auszuweichen, und weil sie außerdem ihre Gefühle und Wahrnehmungen häufig nicht verbalisieren können oder sich niemandem anvertrauen wollen, flüchten sich Jungs mit hochsensibler Veranlagung (natürlich vor allem unbewusst) in aggressives und scheinbar grundlos wütendes Verhalten, neigen außerdem zu Rebellion, Widerstand und offensichtlicher Ablehnung gegenüber ihren Bezugspersonen und ihrem sozialen Umfeld. Dieses Verhaltensmuster entspricht im Wesentlichen dem Hyper-Typus.

Unterschiede zwischen Mädchen und Jungs bzw. entsprechende Tendenzen bezüglich der geschlechtsspezifischen Verteilung auf Hyper- und Hypo-Typus sind also durchaus festzustellen und zugegebenermaßen auch nicht unbedingt verwunderlich.

Dennoch sollte man sich vor Verallgemeinerungen und allzu simplen Geschlechterklischees hüten. Eine vorschnelle Beurteilung eines Kindes - egal ob Mädchen oder Junge - kann fatale Folgen haben. Deshalb ist hier Vorsicht geboten und genaues Beobachten angebracht.

Zudem gibt es, wie schon gesagt, auch Misch-Typen, die Eigenschaften und Verhaltensweisen beider Extreme zeigen. Es ist davon auszugehen, dass diese Misch-Typen sich wiederum gleichmäßig auf die Geschlechter verteilen. Darüber hinaus gibt es natürlich auch rebellische, extrovertierte und aggressive Mädchen, ebenso wie überangepasste, zurückgezogene und "brave" Jungs.

WORAN ERKENNEN ELTERN DIE HOCHSENSIBILITÄT IHRES KINDES UND WIE SOLLTEN SIE DAMIT UMGEHEN?

Im Grunde unterscheiden sich die Eigenschaften, Persönlichkeitsmerkmale und die damit verbundenen Schwierigkeiten, aber auch die Begabungen und das enorme Potenzial eines hochsensiblen Kindes nicht wesentlich von denen eines hochsensiblen Erwachsenen.

Doch je jünger ein Kind ist, desto weniger kann es sich artikulieren, sich erklären und seine komplexen Wahrnehmungen, Emotionen und Bedürfnisse ausdrücken. Deshalb ist es umso mehr darauf angewiesen, dass seine Eltern und andere Bezugspersonen seine hochsensible Veranlagung zur Kenntnis nehmen, darauf eingehen und ihre Erziehungsmethoden und -ziele entsprechend anpassen.

Doch häufig wissen Eltern, Geschwister, Erzieher und Lehrer lange Zeit gar nicht, dass sie es mit einem hochsensiblen Kind zu tun haben, registrieren aber durchaus dessen "Andersartigkeit" und speziellen Charakter, ohne jedoch einen Namen dafür zu haben. Sie sind dann dementsprechend ratlos, wie sie dem Kind begegnen, wie sie es erziehen, unterstützen, begleiten und auffangen können. Wenn Eltern dann (häufig erst nach einer langen und zermürbenden Odyssee) die Hochsensibilität ihres Kindes als solche erkennen bzw. diese eindeutig festgestellt wird, sind sie häufig zunächst erleichtert, haben sie doch nun eine konkrete "Diagnose", an der sie sich orientieren können.

Bis zu der Vermutung bzw. dem Wissen, dass es sich um ein hochsensibles Kind handelt, ist es – wie bereits erläutert – meist ein langer Weg, der für alle Beteiligten, d.h. primär für das Kind selbst, aber auch für seine Bezugspersonen und andere Menschen in seinem Umfeld, vor allem von Frustration und Rat-losigkeit, eventuell auch von Misserfolgen geprägt ist.

Viele Eltern sowie Pädagogen bemerken es na-türlich, wenn ein Kind etwas "mit sich herumträgt" und unter Umständen auch darunter leidet, sowohl innerhalb einer akuten Situation als auch insgesamt als Wesenszug und Persönlichkeitsstruktur. Auch wenn die Versuchung groß ist, eine Krankheit, Schwäche oder psychische Störung darin zu sehen bzw. zu befürchten, sollte man sich immer wieder bewusst machen, dass es sich bei Hochsensibilität um eine meist angeborene, persönlichkeitsprägende Veranlagung handelt, die zunächst nicht behandlungs- oder therapiebedürftig ist. Dennoch sollte man die Hochsensibilität eines Kindes nicht ignorieren oder das Kind sich selbst überlassen.

Das richtige Maß, also eine Art "goldener Mittelweg", besteht wohl in einer vollständigen, vorbehaltlosen und vorwurfsfreien Akzeptanz und Berücksichtigung der hochsensiblen Veranlagung des Kindes innerhalb des (familiären) Alltags und im täglichen Umgang mit dem Kind, ohne jedoch in Überbehütung und übertriebene Rücksichtnahme oder ständiges Thematisieren und Ausdiskutieren zu verfallen.

Diesen goldenen Mittelweg zu finden und den richtigen Umgang mit der hochsensiblen Veranlagung auszutarieren, klingt vermutlich einfacher, als es ist. In jedem Falle ist es wichtig, ein hochsensibles Kind überhaupt als solches anzuerkennen und zu respektieren, denn auch wenn Hochsensibilität nicht unbedingt therapiebedürftig ist, kann sie unbeachtet einige Probleme mit sich bringen.

Doch wie und woran können Eltern oder andere nahestehende Personen erkennen, dass ein Kind hochsensibel ist? Welche Eigenschaften, Verhaltensweisen und Persönlichkeitsmerkmale sind charakteristisch für hochsensible Menschen und insbesondere für hochsensible Kinder?

Der in Deutschland führende Hochsensibilitäts-Experte Rolf Sellin betont, dass Hochsensibilität prinzipiell mit jedem anderen Wesenszug minderer wie auch hoher Intelligenz und sowohl mit Einschränkungen als auch Begabungen verbunden sein kann.

Um verunsicherten Eltern, die bei ihrem Kind eine hochsensible Veranlagung vermuten, einen Überblick über typische Wesensmerkmale zu geben und eine erste Einschätzung zu ermöglichen, hat er einen Fragebogen/ Test entwickelt, bestehend aus Aussagen bzw. Kriterien, die auf ein hochsensibles Kind zutreffen können.

Natürlich treffen nicht auf jedes hochsensible Kind gleich viele Kriterien zu, und auch zutreffende Kriterien müssen nicht bei jedem Kind gleichermaßen ausgeprägt sein. So können auf das eine Kind quantitativ viele Kriterien zutreffen, hingegen auf ein anderes Kind zwar weniger Kriterien, diese dafür aber qualitativ in einem hohen Ausmaß. In jedem Falle handelt es sich hier um Aussagen, die einen "Aha-Effekt" hervorrufen und mit denen sich die Eltern eines hochsensiblen Kindes größtenteils identifizieren können sollten.

Rolf Sellin zufolge sollte mindestens die Hälfte der Aussagen, d.h. mehr als acht Aussagen bestätigt werden, um von einer hochsensiblen Veranlagung ausgehen zu können.

Mein Kind:

- reagiert stark und abwehrend auf Lautstärke o-
der Lärm, zu intensive Gerüche oder unange-
nehmen Geschmack.
- fühlt mit anderen Menschen mit, möchte gern
trösten und helfen, möchte Spannungen ausglei-
chen und eine harmonische Atmosphäre schaf-
fen.
- nimmt von sich aus Rücksicht auf andere Menschen, besonders wenn diese traurig oder krank
sind.
- bevorzugt eher das ruhige Spiel (kann im Zorn
aber auch selbst mal laut werden).
- bemerkt und spürt selbst kleinste Veränderungen und Details in seiner Umgebung.
- ist sehr schmerzempfindlich und reagiert stark
auf Medikamente und auf Stress mit körperlichen Beschwerden (Kopf- oder Bauchschmer-
zen, Übelkeit, Durchfall etc.).
- hat eine angeregte Phantasie und wirkt oft verträumt oder gedanklich abwesend.

- tendiert zu Schlafstörungen, findet vor allem nach einem aufregenden Tag nur schwer in den Schlaf.

- schreckt z.B. vor wilden und schnellen Karussell-Fahrten zurück, hat generell wenig oder gar kein Interesse an lauten und überdrehten Aktivitäten.

- fühlt sich tangiert/ angesprochen und "leidet" mit, wenn Erwachsene mit einem anderen Kind schimpfen.

- spielt gelegentlich auch gerne mal allein, erlebt sein Spiel dann sehr intensiv, kann sich darin vertiefen und geht voll darin auf.

- mag Wettspiele nicht besonders bzw. kann damit nichts anfangen, muss nicht unbedingt gewinnen, andere besiegen oder "der Beste" sein.

- ist im Vergleich zu anderen Kindern eher leise und ruhig, obwohl es durchaus auch mal laut werden kann, etwa wenn es wütend oder überreizt ist.

- besitzt einen ausgeprägten Gerechtigkeitssinn, mag Ausgleich und ist großzügig, gibt immer etwas ab, teilt gerne und achtet darauf, dass alle etwas bekommen.

- ist interessiert, aber zurückhaltend und prescht nicht vor, wenn es andere Kinder oder Erwachsene kennenlernt bzw. vorgestellt wird.
- lässt sich nicht beeindrucken von der Maxime "Höher, schneller, weiter".

Die Aussagen dieses Tests basieren auf jahrelangen Beobachtungen und Erfahrungen des Hochsensibilitäts-Experten Rolf Sellin und zeigen, dass diese Veranlagung sich in die verschiedensten Lebensbereiche hinein auswirken kann, dabei aber nicht unbedingt ein Manko oder Defizit sein muss, sondern im Gegenteil großes Potenzial vor allem im zwischenmenschlichen und kommunikativen Bereich birgt.

Bei der Auswertung des Tests sollte jedoch auch berücksichtigt werden, dass wir meist dazu tendieren, nur die momentane Situation zu beurteilen. Die Entwicklung eines Kindes ist aber niemals statisch, gleichbleibend und "in Stein gemeißelt", sondern verläuft vielmehr in Phasen und Schüben, und der jeweils aktuelle Ist-Zustand ist fast immer nur eine Momentaufnahme. Auch das eigene Verhältnis zum Kind sowie die unumgängliche Tatsache, dass Eltern immer eine subjektive Sicht auf ihr Kind haben und dieses "durch ihre eigenen Augen" sehen, sollten reflektiert werden. Eine objektive und neutrale

Einschätzung des Kindes ist entsprechend schwierig, was eben auch die Auswertung dieses Tests beeinflusst. Zudem sind die in dem Test genannten Kriterien nicht altersgebunden, d.h. einige der Aussagen würden sich beispielsweise auf ein zweijähriges Kind oder einen 16-jährigen Jugendlichen nicht anwenden lassen, was dann das Ergebnis natürlich verzerrt.

Der Test zeigt, dass hochsensible Kinder besonders mitfühlend und sozialkompetent sind, Konkurrenzverhalten ihnen fernliegt und sie leise Töne und Aktivitäten bevorzugen. Sie fühlen sich zumeist am wohlsten in ihrem gewohnten Umfeld, im Kreise ihnen vertrauter Menschen und mit den möglichst immer gleichen Abläufen und Ritualen, ohne große Unwägbarkeiten oder Überraschungen.

Deshalb kann innerhalb dieses "Mikrokosmos" die hochsensible Veranlagung vielleicht über eine lange Zeit, im ungünstigsten Fall sogar jahrelang unentdeckt bleiben. Zeigt ein Kind dann aber in einer ungewohnten Situation, einer fremden Umgebung oder in einer neuen Gruppenkonstellation entsprechende typische Verhaltensweisen, so sollten Eltern aufmerksam werden und ihr Kind im Auge behalten (natürlich, ohne es zu belauern oder ihm hinterher zu spionieren). Hochsensible Kinder sind häufig introvertiert, zurückhaltend und kontaktscheu und können sich in neuen Gruppen oder Situationen nur schwer zurechtfinden und integrieren. Meist sind sie besonders einfühlsam, handeln sehr bedacht und beobachten zunächst lange, etwa bevor sie Kontakte zu anderen Kindern aufnehmen.

Es sollte davon ausgegangen werden, dass ein hochsensibles Kind seine inneren Konflikte und Gefühle mit sich selbst ausmacht und sich niemandem ungefragt anvertraut. Umso genauer und aufmerksamer sollten Eltern, andere Bezugspersonen und Pädagogen bei entsprechendem Verdacht das Kind beobachten und gegebenenfalls behutsam darauf ansprechen.

Je nach Alter ist ein Kind zwar noch nicht in der Lage, seine komplexe Gefühlswelt zu artikulieren, bzw. ist sich dieser altersbedingt einfach nicht bewusst, aber auch hier gilt es, feine Nuancen zur Kenntnis zu nehmen, z.B. hinsichtlich der Ausdrucksweise des Kindes bei der Beschreibung seiner Gefühle oder seiner subjektiven Wahrnehmung äußerer Einflüsse und der Umgebung. Auch nonverbale Signale oder indirekte Gefühlsäußerungen (Müdigkeit, Kränkeln, Schmerzen oder Unwohlsein ohne ersichtliche Ursache, Weinen, Jammern, plötzliche Trägheit, Unlust etc.) sollten Beachtung finden und entsprechend gedeutet werden.

Doch wie im vorangegangenen Kapitel beschrieben, gibt es auch den (selteneren) sogenannten Hyper-Typ des hochsensiblen Kindes, auf das die genannten Eigenschaften und Verhaltensweisen nicht zutreffen. Ganz im Gegenteil verhalten sich Kinder des Hyper-Typus eher extrovertiert und lebhaft, suchen von sich aus den Kontakt zu anderen Kindern und lieben Aktivität.

Gerade diese Unterschiedlichkeit und Komplexität im Umgang von Kindern mit der eigenen Hochsensibilität macht es Eltern, Angehörigen und dem sozialen Umfeld so schwer, diese Veranlagung als solche zu bemerken und entsprechend darauf zu reagieren.

Wem das Phänomen der Hochsensibilität nicht vertraut ist bzw. wer damit überhaupt nichts anzufangen weiß, der läuft Gefahr, die Signale eines hochsensiblen Kindes zu übersehen und zu überhören oder aber falsch zu interpretieren. Fühlt sich ein hochsensibles Kind dann unverstanden oder in seiner Persönlichkeit nicht wahrgenommen und akzeptiert, so kann es doch – obwohl Hochsensibilität selbst im eigentlichen Sinne keine Krankheit ist – psychosomatische Folgeerkrankungen entwickeln. Diesbezüglich zu nennen sind beispielsweise

Kopfschmerzen, aber auch chronische Migräne, Verdauungsstörungen, Infektanfälligkeit, Allergien und später dann auch Suchtanfälligkeit. Deshalb ist es umso wichtiger, die hochsensible Veranlagung eines Kindes nicht zu ignorieren oder zu verleugnen, sondern sie zu erkennen und anzunehmen und vor allem das Kind als "Gesamtpaket" so zu akzeptieren, wie es ist, denn es wird seine Hochsensibilität nicht ändern oder beseitigen können, selbst wenn es wollte.

Bei entsprechendem Verdacht sollten Eltern oder Pädagogen das Gespräch mit dem Kind suchen, es behutsam darauf ansprechen und dabei natürlich eine empathische und ergebnisoffene Grundhaltung einnehmen. Auch "Verhörtaktiken" sind unbedingt zu vermeiden.

Ein hochsensibles Kind wäre nicht hochsensibel, wenn es nicht auch eine unterschwellige und implizite Vorwurfshaltung oder Kritik als solche wahrnehmen würde. Auch Pathologisierungen sowie jegliche Therapierungsversuche sind destruktiv und bewirken das Gegenteil, nämlich, dass das Kind sich nicht ernst genommen oder für "krank erklärt" fühlt, sich daraufhin noch weiter zurückzieht und sich gar nicht mehr mitteilen will. Das Wichtigste in der Kommunikation mit einem hochsensiblen Kind ist also das richtige Fingerspitzengefühl. Bei Gesprächen (insbesondere beim ersten Gespräch, in dem das Kind sich im Idealfall ja offenbaren soll) sind also ein gewisses Maß an psychologischem Geschick, viel Geduld und Einfühlungsvermögen, Bereitschaft zum Zuhören und natürlich auch elterliche Intuition bzw. pädagogischer Sachverstand und Kompetenz/Erfahrung gefragt.

Es sollte immer auch mitberücksichtigt werden, ob das Kind alters- und entwicklungsbedingt überhaupt einen (bewussten) Zugang zu seiner Gefühlswelt aufbauen kann und ob es in der Lage ist, diese adäquat zu beschreiben. Ist ein Kind noch zu klein bzw. noch nicht auf dem entsprechenden Entwicklungsstand, führt ein solches Gespräch mit großer Wahrscheinlichkeit ins Nichts.

Dies mag für die Eltern zwar zunächst frustrierend sein, sollte sie aber nicht davon abhalten, das Verhalten und die Persönlichkeitsentwicklung ihres Kindes weiterhin aufmerksam zu beobachten und das Kind später – wenn es älter bzw. reifer ist – wieder darauf anzusprechen. Natürlich darf einem hochsensiblen Kind unabhängig vom Alter niemals ein Gespräch aufgezwungen werden, da es sich dadurch bedrängt fühlen und dann erst recht in den kompletten Rückzug bzw. in eine Art passiven

Widerstand gehen würde. Das Kind sollte also zugewandte und aufrichtig interessierte Gesprächsangebote erhalten, ohne sich "konfrontiert" oder bloßge-
stellt zu fühlen, und es sollte immer ihm überlassen
bleiben, ob es diese Gesprächsangebote annehmen
möchte. Ist es nicht gesprächsbereit, so gilt es auch
dies zu respektieren.

Bestätigt sich jedoch der Verdacht auf eine
hochsensible Veranlagung entweder im Laufe von
Gesprächen mit dem Kind oder nach einer ausrei-
chend langen Beobachtungszeit mit einer Reihe von
"Indizien", sollten Eltern nach Möglichkeit eine (auf
Hochsensibilität spezialisierte) Beratungsstelle oder
einen kompetenten Ansprechpartner aufsuchen, der
sie und ihr Kind für längere Zeit begleiten und unterstützen wird.

Hochsensibel oder introvertiert?

E ines der charakteristischen Merkmale der Persönlichkeitsstruktur hochsensibler Menschen ist deren introvertiertes und in sich zurückgezogenes Verhalten.

Laut Elaine Aron neigen etwa 70 Prozent aller hochsensiblen Menschen zu Introvertiertheit (diese sollte nicht mit Schüchternheit verwechselt oder gleichgesetzt werden). Introvertiertheit bei hochsensiblen Menschen äußert sich z.B. darin, dass sie wenige, dafür aber enge und langjährige Freundschaften einem großen, aber eher oberflächlichen und häufig wechselnden Bekanntenkreis vorziehen.

Auch große Feiern, Partys, gesellschaftliche Anlässe oder allgemein Menschenansammlungen werden von introvertierten Hochsensiblen in der Regel gemieden.

Allerdings prägen auch die Persönlichkeitsstruktur und der individuelle Ausprägungsgrad der Introvertiertheit bzw. Extrovertiertheit eines normalsensiblen Menschen dessen Interaktion mit seiner sozialen Umwelt und umgekehrt.

Schon der Schweizer Psychiater und Begründer der analytischen Psychologie, Carl Gustav Jung, vertrat die Ansicht, dass Introvertiertheit und Extrovertiertheit generell jeweils recht dominante und prägende Persönlichkeitsmerkmale sind bzw. die Entwicklung der Persönlichkeit entscheidend beeinflussen.

Dabei bezeichnete er Menschen als introvertiert, die eher nach innen (d.h. auf Gedanken, Gefühle, Wahrnehmungen, Eindrücke, Seelenleben etc.) gekehrt sind. Extrovertiert hingegen waren seiner Auffassung nach Menschen, die ihren Fokus eher auf Äußeres richten (z.B. Umgebung, Aktivität, Interaktion mit anderen Menschen etc.). Dieses Verständnis von "Introvertiertheit" und "Extrovertiertheit" hat sich nicht wesentlich geändert und entspricht auch heute noch der gängigen Auffassung. Der

Begriff der Hochsensibilität wurde allerdings erst einige Jahrzehnte später geprägt und ist keineswegs gleichzusetzen mit Introvertiertheit nach dem Verständnis von C.G. Jung. Wie bereits erläutert, ist Introvertiertheit allerdings eine sehr typische Eigenschaft hochsensibler Menschen (auch und vor allem bei Kindern). Außerdem ist sie auch eine der auffälligsten, da introvertiertes Verhalten – im Gegensatz etwa zu inneren Gefühlszuständen – relativ offensichtlich ist und naturgemäß nach außen transportiert wird.

Elaine Aron kam nach einer Befragung von über tausend Personen zu dem Ergebnis, dass sowohl introvertierte als auch extrovertierte Menschen eine hochsensible Veranlagung besitzen können, wobei jedoch der überwiegende Teil der befragten hochsensiblen Personen introvertiert waren. Also scheint Hochsensibilität tatsächlich häufiger mit Introvertiertheit einherzugehen als mit Extrovertiertheit.

Es gibt natürlich auch extrovertierte, kontaktfreudige und besonders gesellige hochsensible Menschen. Doch wie bereits erläutert, weist primär der vom Hochsensibilitäts-Forscher Rolf Sellin beschriebene und vergleichsweise seltene Hyper-Typus von Kindern mit hochsensibler Veranlagung derartige Wesensmerkmale auf. Da der Hypo-Typus mit einem

Anteil von etwa 80 Prozent deutlich stärker vertreten ist, kann davon ausgegangen werden, dass dessen Verhaltensweisen und Persönlichkeitsmerkmale entsprechend häufiger anzutreffen sind und somit wohl auch eher als typisch für eine "klassische" Hochsensibilität angesehen werden können.

So drängt sich bei einem Kind, welches sich vor allem innerhalb von Gruppen auffallend introvertiert verhält, oft und gerne für sich allein ist und sich z.B. nicht unbedingt mit Begeisterung an Gruppenaktivitäten beteiligt, der Verdacht auf eine hochsensible Veranlagung regelrecht auf. Zumindest geschieht dies dann, wenn Eltern, andere Bezugspersonen oder Pädagogen sich die Zeit nehmen, das Kind aufmerksam zu beobachten.

Wirkt das Kind zudem auch noch häufig verträumt oder "mit seinen Gedanken woanders", wird es schnell als hochsensibel eingeschätzt, eventuell jedoch zu schnell und voreilig. Denn hier sind Vorsicht und eine möglichst differenzierte Abgrenzung geboten. Nicht jedes Kind, welches einfach "nur" introvertiert ist, muss deswegen gleich auch hochsensibel sein. Studien haben außerdem gezeigt, dass der Grad der Introvertiertheit bei hochsensiblen Kindern mit steigendem Intelligenzquotienten zunimmt, d.h. je intelligenter ein hochsensibles Kind ist, desto introvertierter ist es tendenziell auch.

Die Tatsache, dass validierte psychologische Tests bislang fehlen, erschwert es Eltern und Pädagogen, vermeintliche Hinweise auf eine hochsensible Veranlagung von "normalen" Charaktereigenschaften und Verhaltensweisen, wie z. B. Introvertiertheit, abzugrenzen und zu unterscheiden. Bis zu welchem Grad von Introvertiertheit ist ein Kind eben "nur" introvertiert und ab welchem Grad kommt eine potenzielle Veranlagung zur Hochsensibilität ins Spiel?

Was ist noch "normal" und gehört einfach zum Naturell oder Charakter des Kindes? Und ab welchem Punkt genau wird es bedenklich bzw. kann ein bestimmtes Verhaltensmuster auf eine hochsensible Veranlagung hinweisen, sodass man noch genauer hinsehen und mit dem Kind fortan anders umgehen muss, es besonders unterstützen und begleiten muss?

Insbesondere die Eltern introvertierter Kinder sind wahrscheinlich irgendwann besorgt, wenn sie feststellen, dass eben dieses introvertierte Verhalten sich nicht im Laufe der Jahre auswächst, nicht verschwindet oder "besser" wird und auch nicht nur in einer bestimmten Phase der kindlichen Entwicklung auftritt, sondern vielmehr ein fester Bestandteil der

Persönlichkeit eines Kindes ist. Auch psychologische Laien stoßen irgendwann auf den Begriff der Hochsensibilität, wenn sie viel zum Thema "Introvertiertheit" lesen und sich ernsthaft damit auseinandersetzen.

Natürlich kann introvertiertes Verhalten auf eine hochsensible Veranlagung hinweisen. Häufig ist dieses - wie bereits erläutert - eines der ersten und auch offensichtlichsten Merkmale, da es sich nicht primär im Innern des Kindes abspielt (im Gegensatz etwa zum Gefühl der Reizüberflutung, welches sich nach außen hin zunächst nicht unbedingt bemerkbar machen muss).

Einige Verhaltensweisen werden eher introvertierten Menschen als charakteristische Merkmale zugeordnet, obwohl sie eigentlich zu einer hochsensiblen Veranlagung gehören. Dieses Missverständnis und die Gleichsetzung von Introvertiertheit mit Hochsensibilität sind wahrscheinlich darauf zurückzuführen, dass in den frühen Anfängen der Forschung zur Introvertiertheit davon ausgegangen wurde, dass diese mit einer Neigung zu schneller Überreizung durch äußere Einflüsse einhergeht. Diese Annahme wurde zwar später widerlegt. Festgesetzt hat sich dennoch die Vorstellung, dass Introvertiertheit und Hochsensibilität im Grunde identisch seien oder es zumindest Überschneidungen bei den charakteristischen Merkmalen gebe.

Der grundlegende Unterschied besteht jedoch darin, dass vor allem die Hauptmerkmale einer hochsensiblen Veranlagung – insbesondere die mehr oder weniger starke Tendenz zu schneller Überreizung und Überforderung – eben typische Phänomene der Hochsensibilität sind, nicht aber der Introvertiertheit als Persönlichkeitsmerkmal. So geraten hochsensible Kinder bereits in scheinbar "normalen" Situationen oder durch ein "normales" Level an Geselligkeit und Kommunikation (d.h. auch wenn die Umgebung gerade nicht besonders laut oder chaotisch ist) in einen Zustand innerer Überforderung und Reizüberflutung.

Sie zeigen dann entsprechende psychische oder körperliche Stressreaktionen, was bei "nur" introvertierten Kindern in vergleichbaren Situationen nicht der Fall ist. Zwar benötigen auch introvertierte Kinder mehr Ruhe, Erholungsphasen und Zeit mit sich allein, insbesondere nach Situationen mit vielen Menschen, viel Lärm und Trubel. Aber im Gegensatz zu hochsensiblen Kindern werden sie nicht von Überreizung, Eindrücken und Wahrnehmungen "überrollt". Also bleiben introvertierte Kinder auch in Situationen oder Umgebungen, in denen sie sich unwohl fühlen und aus denen sie am liebsten flüchten würden, trotzdem immer "Herr der Lage und ihrer Sinne". Introvertierte Kinder leiden demnach weniger unter Kontrollverlust und Ohnmachtsgefühlen als hochsensible Kinder.

Zusammenfassend lässt sich sagen, dass Introvertiertheit zwar ein sehr häufiges und eines der grundlegenden Wesensmerkmale bei Kindern mit hochsensibler Veranlagung ist, aber nicht mit Hochsensibilität verwechselt oder gleichgestellt werden sollte, da eben einige Merkmale und Verhaltensweisen auf hochsensible Kinder zutreffen, nicht aber auf introvertierte Kinder.

Hochsensibilität und ADHS

Verhält ein Kind sich über einen gewissen Zeitraum hinweg auffällig, insbesondere in der (Grund-)Schule, oder zeigt es anhaltende Konzentrationsschwierigkeiten, wird schnell (oft auch vorschnell) und häufig die Diagnose ADHS gestellt.

Diese Diagnose scheint dann zunächst unumstößlich und " in Stein gemeißelt zu sein" und wird in der Regel umgehend an alle Bezugspersonen und Pädagogen, die unmittelbar mit dem Kind zu tun haben (Lehrer, Erzieher, Betreuer, Trainer etc.) so auch kommuniziert. Der Leidensdruck ist sowohl für die betroffenen Kinder als auch für deren Eltern zumeist schon lange vor der Diagnose immens. Häufig haben die Familien bereits eine lange und zermürbende Odyssee hinter sich.

Hinzu kommen Misserfolge und Frustration in der Schule oder Rückschläge in anderen Lebensbereichen, soziale Konflikte etc. Einige Kinder oder Eltern sind im ersten Moment vielleicht sogar erleichtert, endlich eine anerkannte Diagnose, eine Erklärung, eine plausible Begründung für alle damit zusammenhängenden Schwierigkeiten zu haben. Sie verfügen nun endlich über etwas, womit sie "arbeiten" und worauf sie sich einstellen können. Außerdem können sie sich in Zukunft auf diese Diagnose berufen und auch in den meisten Schulen und anderen Einrichtungen wird darauf Rücksicht genommen.

Für einen Großteil der betroffenen Kinder und Eltern jedoch dürfte die Diagnose ADHS einmal mehr niederschmetternd sein und eine schwere Belastung darstellen. Dies liegt u.a. darin begründet, weil dadurch die Lebensqualität der gesamten Familie in den nächsten Jahren schwer beeinträchtigt werden kann. Außerdem steht eine weitere Odyssee aus Therapien, Fördermaßnahmen, Anträgen auf Nachteilsausgleich, Elterngesprächen und

jahrelanger täglicher Medikamenteneinnahme bevor. Auch für das kindliche Selbstbewusstsein und
Selbstwertgefühl dürfte diese Diagnose nicht unbedingt förderlich sein, erklärt sie doch den Charakter
und die Persönlichkeit eines Kindes für "krank, be-
handlungsbedürftig und nicht normal". ADHS ist
nach wie vor ein Stigma, welches nicht mehr ohne
Weiteres verschwindet, wenn es einem Kind einmal
anhaftet. Das Kind trägt nun – natürlich suggestiv
und unausgesprochen – eine Art "Beweislast", um
andere Menschen davon zu überzeugen, dass die Diagnose falsch ist und es doch kein ADHS hat.

Viele Eltern wollen sich damit nicht abfinden
und suchen nach alternativen Erklärungsansätzen,
vielleicht nach einer anderen Diagnose, die weniger
belastend und stigmatisierend wirkt, nicht so viele
negative Konsequenzen nach sich zieht und nicht so
unmittelbar das gesamte (Familien-)Leben beeinträchtigt.

Stoßen Eltern dann bei ihrer Recherche auf das
Phänomen der Hochsensibilität, so entdecken sie
häufig mehrere Parallelen zu ihrem Kind mit seiner
ADHS-Diagnose. Immer wieder wenden sich verun-
sicherte Eltern an Beratungsstellen, Psychothera-
peuten und Pädagogen, um ihre Vermutung bzw.
Hoffnung, dass ihr Kind kein ADHS hat, sondern

eigentlich hochsensibel ist, bestätigen zu lassen. Es handelt sich tatsächlich um zwei verschiedene Phänomene mit unterschiedlichen Symptomen / Merkmalen, bei denen es in einigen Fällen aber auch Überschneidungen geben kann (allerdings eher selten). Ebenso kann ein hochsensibles Kind gleichzeitig auch ein ADHS haben. Hochsensibilität und ADHS schließen sich gegenseitig weder ein noch aus. Der wichtigste und eigentlich auch naheliegendste Unterschied besteht in der Konzentrationsfähigkeit. Kinder mit ADHS haben sehr häufig oder sogar immer – auch in einer ruhigen und ungestörten Umgebung – mehr oder weniger starke Konzentrationsschwierigkeiten, können sich selbst bei gutem Willen einfach nicht konzentrieren und sind leicht ablenkbar.

Im Gegensatz dazu haben Kinder mit hochsensibler Veranlagung in der Regel keine Probleme mit ihrer Konzentrationsfähigkeit. Ganz im Gegenteil – hochsensible Kinder können sich oft überdurchschnittlich gut und ausdauernd konzentrieren, lassen sich nicht so leicht ablenken und kommen außerdem motorisch/körperlich besser zur Ruhe, zumindest wenn sie sich in einer ruhigen und reizarmen Umgebung befinden. Vor allem bei ihren eigenen Interessengebieten und "Lieblingsthemen" fällt hochsensiblen Kindern eine lange Konzentrations- und Aufmerksamkeitsspanne besonders leicht.

Allerdings können hochsensible Kinder in seltenen Fällen auch ADHS-ähnliche Symptome aufweisen (motorische Unruhe, leichte Ablenkbarkeit, Hyperaktivität). Dies kann insbesondere in Stresssituationen, bei akuter Überforderung, innerhalb einer lauten Umgebung und wenn sie sich abgelehnt fühlen oder traumatisiert sind, der Fall sein. Seltener geschieht dies auch bei Langeweile, Unterforderung oder völligem Desinteresse.

Ein weiterer Unterschied ist die Impulskontrolle, die – zumindest bei jüngeren Kindern mit ADHS – meist weitgehend fehlt. Kinder mit ADHS geben jedem (inneren oder äußeren) Impuls schnell nach, ohne die Konsequenzen ihres Handelns abschätzen zu können oder diese als Entscheidungsgrundlage überhaupt nur in Erwägung zu ziehen.

Hochsensible Kinder hingegen handeln in der Regel äußerst bedacht und reflektiert und wägen vor jeder Handlung sehr sorgfältig mögliche Folgen und Konsequenzen ab. Wenn sie dann zu dem Ergebnis kommen, dass die negativen Konsequenzen überwiegen könnten, verzichten sie lieber darauf, ihrem ersten Impuls (den sie natürlich auch haben) nachzugeben. Zudem können hochsensible Kinder gut Prioritäten setzen, sich längere Zeit auf eine Sache einlassen und dann auch bei dieser bleiben, vor allem wenn sie begeistertes Interesse daran entdeckt haben.

Kinder mit ADHS hingegen können nur schwer oder gar keine Prioritäten setzen und beginnen eine Tätigkeit nach der anderen, ohne eine davon wirklich abgeschlossen zu haben. Außerdem fällt es ihnen schwer, eigenverantwortlich zu arbeiten und gelernte Inhalte selbstständig umzusetzen, womit hochsensible Kinder zumeist keine Probleme haben. Auch strukturierte Tätigkeiten, z.B. Aufräumen, erledigen hochsensible Kinder ohne Schwierigkeiten. Sie sind meist von Natur aus sehr ordnungsliebend und mögen es, wenn alles "seinen Platz" hat. Zudem räumen sie auch zielorientierter auf und lassen sich kaum ablenken.

Kinder mit ADHS bemerken das Chaos direkt vor ihnen meist nicht oder stören sich nicht daran. Und selbst wenn sie aufräumen, lassen sie sich währenddessen leicht ablenken und vergessen darüber ihre eigentliche Aufgabe. Natürlich gibt es nicht nur Unterschiede zwischen Hochsensibilität und ADHS, sondern auch eine entscheidende Gemeinsamkeit: die niedrige Reizschwelle. Sowohl Kinder mit ADHS als auch hochsensible Kinder sind äußerst reizempfänglich bzw. -empfindlich. Sie verfügen also jeweils über einen nur schwachen Reizfilter und nehmen innere wie äußere Reize sehr intensiv wahr.

Der Unterschied besteht hier in der Reizverarbeitung. So sind hochsensible Kinder durchaus in der Lage, sich den Reizen zu entziehen, diese zu kanalisieren und zu steuern oder sie kognitiv zu verarbeiten. Bei Kindern mit ADHS hingegen ist dies umgekehrt: Sie lassen sich von Reizen steuern, können sich deshalb nur schwer fokussieren, sind kaum konzentrationsfähig, leicht ablenkbar und zumeist getrieben von ihren Impulsen.

Trotz dieser Unterschiede wird Hochsensibilität vor allem bei Kindern gelegentlich mit ADHS verwechselt und im schlimmsten Fall sogar eine falsche Diagnose gestellt, was dann fatale und unabsehbare Folgen haben kann. Deshalb sollten betroffene Eltern noch mehr das Gespräch mit ihrem Kind, aber auch mit dessen Lehrern/ Erziehern/ Trainern etc. suchen. Außerdem ist es überaus ratsam, sich gegebenenfalls eine zweite Meinung einzuholen bzw. entsprechende Beratungsstellen aufzusuchen, wenn bei ihrem Kind ADHS diagnostiziert wurde, sie aber stattdessen eine hochsensible Veranlagung vermuten.

Hochsensibilität in Kita & Schule

O bwohl sich Hochsensibilität bereits im Säuglings- und frühesten Kindesalter bemerkbar machen kann, werden die Besonderheiten hochsensibler Kinder bzw. die Unterschiede zu normalsensiblen Kindern häufig erst beim Kindergarteneintritt offensichtlich, denn dieser ist zumeist eine der ersten großen Umstellungen und Wendepunkte im Leben eines Kindes. Zu diesem Zeitpunkt verlässt es zum ersten Mal in seinem Leben sein vertrautes Umfeld mit den wichtigsten Bezugspersonen und muss sich komplett neu orientieren. Dies dürfte Kindern mit hochsensibler

Veranlagung noch schwerer fallen als ihren normal-sensiblen Altersgenossen.

Innerhalb des bisherigen (primär häuslichen) Umfelds mit nur relativ wenigen äußeren Einflüssen, fremden Menschen und neuen Situationen fällt die Hochsensibilität eines Kindes häufig zunächst gar nicht auf. Die weiter oben beschriebenen Auffälligkeiten und besonderen Verhaltensweisen von Säuglingen und Babys werden vielleicht zur Kenntnis genommen, aber selten schon so frühzeitig als Merkmale einer hochsensiblen Veranlagung identifiziert. Denn dafür fehlen noch zu viele charakteristische Eigenschaften, die sich tatsächlich erst im späteren Kindheitsverlauf herauskristallisieren. Viele Eltern warten deshalb erst einmal ab oder erkennen und verstehen diese frühzeitigen Hinweise erst viel später in der Retrospektive.

Mit Eintritt in den Kindergarten wird eine Reihe von Anforderungen und Erwartungen an ein Kind gestellt, welches diese erst einmal verarbeiten und umzusetzen lernen muss. Es muss sich ebenso auf einen neuen Tagesablauf und Rhythmus wie auch auf eine neue Umgebung, neue Bezugspersonen und viele andere Kinder einstellen. Auch neue Aktivitäten (Malen, Basteln, Lieder singen im Kreis, Geburtstagsfeiern, Lernprojekte etc.), bestimmte Regeln und soziales Verhalten sowie eine Gruppendynamik, zu der es selbst dazugehört und an die es sich anpassen muss, kommen nun auf das Kind zu. Selbst das Mittagessen im Kindergarten schmeckt anders als zuhause und wird nicht mehr allein bzw. am Familientisch, sondern als gemeinsame Gruppenaktivität eingenommen, wobei auch schon gewisse Tischmanieren eingehalten werden müssen.

Schon normalsensiblen Kindern fällt die Eingewöhnung in den Kindergarten und die damit einhergehende stundenweise Trennung von ihren Eltern anfänglich oft sehr schwer. Bedingt durch die starke Bindung zu den Eltern, die seit der Geburt besteht, brauchen Kinder mehrere Wochen – einige wenige sogar mehrere Monate – bis sie Vertrauen zu den Fachkräften, Kindern und in die neue Umgebung haben und tatsächlich den ganzen Tag ohne ihre Eltern im Kindergarten bleiben können.

Hochsensiblen Kindern fällt dies in der Regel noch schwerer als normalsensiblen Gleichaltrigen. Diese vielen fremden Menschen, die anderen Kinder, die neue (kunterbunte) Umgebung, die enorme Lautstärke und immer wieder die vielen und täglich neuen Eindrücke, die mit voller Wucht auf ein hochsensibles Kind einprasseln. All das kann ein hochsensibles Kind mit seiner ohnehin schon niedrigen sensorischen Reizschwelle oft an die Grenzen seiner seelischen und körperlichen Belastbarkeit bringen.

Da hochsensible Kinder alle Menschen in ihrem näheren Umfeld (unbewusst) gründlich und lange prüfen, fällt ihnen auch die Gewöhnung an neue Bezugspersonen im Kindergarten entsprechend schwerer. So brauchen sie deutlich mehr Zeit als normalsensible Kinder, sich auf eine Erzieherin einzulassen und diese als "vollwertige" Bezugsperson zu akzeptieren.

Doch so lange, wie sie brauchen, in die Bindung zu einer Erzieherin hineinzuwachsen, so intensiv und eng ist dann später diese Bindung. So haben hochsensible Kinder, wenn sie denn einmal eine bestimmte Erzieherin "ins Herz geschlossen" haben, danach meist für ihre gesamte restliche Kindergartenzeit das starke Bedürfnis, sich auf diese Erzieherin – und zwar nur auf diese – zu beziehen. Auch hier gilt also, dass hochsensible Kinder langjährige, aber dafür treue Beziehungen schnelllebigen und oberflächlichen Kontakten vorziehen.

Ein großes Problem für hochsensible Kinder ist der kindergartentypische und mitunter sehr hohe Lärmpegel, der recht schnell und regelmäßig zu Überforderung und Reizüberflutung führen kann. Dies bedeutet inneren Stress für ein hochsensibles

Kind, welches daraufhin mit entsprechenden Verhaltensweisen und (auch körperlichen) Stresssymptomen reagiert.

Eine Lösung für dieses Problem besteht darin, dem Kind Rückzugsmöglichkeiten (z.B. den Ruheraum, den Schlafraum oder den Entspannungsraum) anzubieten, wo es sich bei akuter Überreizung – und innerem Stress durch zu viel Lautstärke und Lärm – aufhalten und wieder zur Ruhe kommen kann. Zudem sollte das Kind die Möglichkeit haben, bei Bedarf Mittagsschlaf zu machen, auch wenn es schon zu den älteren Kindern gehört.

Ebenso wie ein zu hoher Lärmpegel sind auch zu große Gruppen problematisch für hochsensible Kinder. Wie bereits gesagt, bevorzugen diese Kinder eher wenige, dafür aber enge Freundschaften anstatt viele oberflächliche Kontakte. Je größer aber eine Kindergartengruppe ist, desto schwerer fällt es hochsensiblen Kindern, intensive Kontakte aufzubauen und Freunde zu finden. Meist fühlen sie sich deshalb wohler in kleineren Kindergärten mit überschaubaren Gruppenstärken. Allerdings ist die Auswahl zwischen verschiedenen Kindergärten eine unrealistische Luxusvorstellung, deshalb müssen Kinder und Eltern aus "ihrem" Kindergarten das Beste machen und herausholen, auch wenn er eigentlich zu groß und somit eher unpassend ist.

Dennoch können hochsensible Kinder sich auch in großen Kindergärten bzw. Gruppen wohlfühlen, insbesondere wenn sie eine feste Bezugsperson haben, die ihnen zugewandt ist und auf die sie sich jederzeit verlassen können. Die Eingewöhnungszeit und Orientierungsphase in großen Kindergärten dauern bei hochsensiblen Kindern allerdings entsprechend länger und sind vielleicht auch häufiger mit Rückfällen verbunden.

Überhaupt benötigen hochsensible Kinder deutlich mehr Zeit für die morgendliche Verabschiedung und Ablösung von den Eltern, auch wenn die Eingewöhnungszeit abgeschlossen ist. Jeder Abschied hat etwas mit "Loslassen" und "Einlassen auf etwas Neues" zu tun, was hochsensiblen Kindern generell schwerfällt, wobei die tägliche Routine diesen Prozess natürlich sukzessive erleichtert.

Wichtig und hilfreich in diesem Zusammenhang sind eine liebevolle Begleitung durch Eltern und Erzieherinnen sowie zuverlässige Absprachen, z.B. dass das Kind nach dem Mittagessen abgeholt wird oder dass es aufgrund schneller Überreizung nicht am Morgenkreis teilnehmen muss etc. Diese Absprachen sollten für Eltern wie auch für Erzieherinnen verbindlich sein, sodass das Kind sich darauf sicher verlassen kann. Dies stärkt sein Vertrauen in den Kindergarten und in seine Bezugspersonen dort und wird darüber hinaus seinem ausgeprägten Sicherheitsbedürfnis gerecht.

Allgemein kommen hochsensible Kinder mit Struktur und Klarheit, Planbarkeit, Routinen und festen Abläufen besser zurecht als mit gut gemeinten Überraschungen, die sie eher als unberechenbar, belastend und stresserzeugend empfinden. Ausflüge, neue Gruppenaufteilungen, unvorhergesehene Veränderungen oder Aktivitäten, Martinszüge, Weihnachtsfeiern oder Geburtstagsfeiern überfordern und irritieren hochsensible Kinder schnell.

Hier sind ebenfalls Absprachen mit dem Kind bzw. eine sorgfältige Planung hilfreich, etwa neben wem das Kind während der Weihnachtsfeier sitzen will, ob es an bestimmten Gruppenaktivitäten teilnehmen will, dass seine Lieblings-Erzieherin sich beim Kindergartenausflug in den Zoo um das Kind kümmert und bei ihm bleibt oder ob es seinen eigenen Geburtstag im Kindergarten überhaupt feiern will. Auch kleinere hochsensible Kinder, die ihre Bedürfnisse noch nicht artikulieren können, haben bereits ein gutes Gespür dafür, was sie brauchen, was ihnen guttut und was nicht. Hier gilt es als verantwortungsvolle und zugewandte Eltern und

Bezugspersonen, das Kind möglichst da abzuholen, wo es steht. Druck jedweder Art sowie Vergleiche ("die anderen Kinder mögen/ können/ machen/ wollen das auch, warum du nicht?") sind kontraproduktiv und sollten unbedingt vermieden werden, da sich das Kind andernfalls "falsch" oder nicht angenommen/akzeptiert fühlt. Im ungünstigsten Fall zieht es sich dann völlig zurück, ist gar nicht mehr zugänglich oder will sich nicht mehr mitteilen.

Zusammenfassend lässt sich festhalten, dass die Kindergartenzeit auch und vor allem für Kinder mit hochsensibler Veranlagung eine sehr wertvolle Erfahrung und Bereicherung sein kann, die sie später nicht missen wollen werden und die durch nichts anderes zu ersetzen ist (insbesondere nicht durch ausschließlich häusliche Erziehung bis zur Einschulung). Auch hochsensible Kinder brauchen Altersgenossen und soziale Kontakte (nicht nur Geschwister) und müssen genauso auf das Leben außerhalb des Elternhauses und der Familie vorbereitet werden wie normalsensible Gleichaltrige. Ein hochsensibles Kind ausschließlich zuhause erziehen zu wollen, macht es gegebenenfalls noch dünnhäutiger und verhindert den Aufbau von Stressresistenz und Alltagskompetenz. Ein hochsensibles Kind jahrelang "in Watte zu packen" und in seiner häuslichfamiliären "Komfortzone" zu belassen, ist langfristig gesehen also keine adäquate Lösung. Vielmehr bedarf es der richtigen Begleitung sowohl in der Eingewöhnungszeit als auch im weiteren Kindergartenalltag, sodass die (sozialen, kommunikativen, diplomatischen, empathischen, künstlerischen, kreativen etc.) Qualitäten des Kindes im Idealfall hier bereits zum Vorschein kommen.

Somit wird das Kind bereits im Kindergarten mit einem gesunden Selbstbewusstsein und dem Wissen um seine Fähigkeiten und Kompetenzen ausgestattet, was in jedem Falle eine gute Voraussetzung für den Beginn einer erfolgreichen Schullaufbahn darstellt.

Gleichzeitig sollten natürlich alle Beteiligten (Eltern, Erzieherinnen, Kita-Leitung, Sozialpädagogen etc.) das emotionale, seelische und körperliche Wohlbefinden des Kindes weitestmöglich im Auge behalten, um mögliche Stressreaktionen rechtzeitig zu erkennen und eingreifen zu können. Es sollte dafür Sorge getragen werden, dass die Bedürfnisse des Kindes berücksichtigt werden. Dies kann z.B. dadurch geschehen, dass das Kind sich, soweit dies im trubeligen und durchgetakteten Kindergartenalltag möglich ist, bei Bedarf und in Situationen der inneren Überforderung und Reizüberflutung zurückziehen kann. Außerdem sollte es nicht an allen Aktivitäten teilnehmen müssen und sich so oft wie möglich und nötig in einer ruhigen und reizarmen Umgebung/Atmosphäre aufhalten können.

Wenn diese Voraussetzungen bestmöglich erfüllt sind (natürlich sind die Möglichkeiten dafür in einem Kindergarten begrenzt) und alle Bezugspersonen des Kindes sich zumindest bemühen (was auch nicht immer ohne weiteres möglich ist), dann kann die Kindergartenzeit gelingen und ein hochsensibles Kind in jeder Hinsicht davon profitieren.

Später in der Schule warten andere und völlig neue Herausforderungen, die für Kinder mit hochsensibler Veranlagung häufig schwer zu bewältigen sind. Dies ist jedoch nicht minderer Intelligenz, mangelnder Lernbereitschaft oder Konzentrationsfähigkeit, auffälligem Verhalten oder inhaltlichem Desinteresse geschuldet. Vielmehr sind hochsensible Kinder oft nicht in der Lage, sich durch den für sie anstrengenden und ermüdenden Schulalltag zu kämpfen und dabei auch noch gute Leistungen zu erbringen. Viele hochsensible Kinder fallen so durchs Raster und bleiben in ihrer Schullaufbahn (und somit später auch beruflich) weit unter ihren Möglichkeiten. So kann Hochsensibilität mit all ihren Besonderheiten, Fähigkeiten und Qualitäten dazu führen, dass betroffene Kinder/ Jugendliche schlechte Noten schreiben, unqualifizierte Schulabschlüsse machen, die Schule vorzeitig abbrechen bzw. irgendwann einfach nicht mehr hingehen oder sogar von der Schule fliegen.

Dies ist besonders tragisch und müsste nicht sein, denn gerade hochsensible Kinder sind kognitiv sehr weit entwickelt (einige sogar hochintelligent) und meist sehr sprachbegabt sowie wissbegierig und vielseitig interessiert: Sie besitzen eine ausgeprägte Beobachtungs- und Auffassungsgabe, sind eigentlich sehr motiviert und lernbereit und außerdem in der Lage, sich lange und ausdauernd zu konzentrieren oder zu vertiefen. Also bringen sie eigentlich alle nötigen Voraussetzungen für eine erfolgreiche Schullaufbahn und einen überdurchschnittlich guten Schulabschluss mit.

Um hochsensible Schulkinder und Jugendliche sinnvoll begleiten und in ihrer Schullaufbahn unterstützen zu können, muss ihre Veranlagung erst einmal erkannt werden. Dies klingt trivial, doch viele hochsensible Kinder scheitern in der Schule genau daran. Häufig wird die Hochsensibilität von Schulkindern übersehen, ignoriert, verkannt, unterschätzt oder im schlimmsten Fall fälschlicherweise als ADHS oder gar Autismus diagnostiziert.

Tatsächlich kann unerkannte Hochsensibilität für betroffene Kinder derart belastend sein (insbesondere, wenn dann noch der Leistungs- und Konformitätsdruck in der Schule hinzukommt), dass sie im Laufe der Jahre psychisch oder körperlich daran erkranken, womit dann die Schullaufbahn zumeist endgültig beendet ist. Doch soweit muss es natürlich nicht kommen.

Aufmerksame Eltern, die Hochsensibilität bei ihrem Kind feststellen oder vermuten, sollten so bald wie möglich das Umfeld ihres Kindes – insbesondere jeden seiner Lehrer und gegebenenfalls auch die Schulleitung – davon in Kenntnis setzen. Zwar ist Hochsensibilität keine Krankheit oder Behinderung und es besteht kein rechtlicher Anspruch auf Nachteilsausgleich in der Schule.

Dennoch können Eltern, Lehrer und andere Pädagogen auf die speziellen Bedürfnisse eines hochsensiblen Kindes Rücksicht nehmen, zumindest im Rahmen ihrer Möglichkeiten. Alle Beteiligten können dazu beitragen, den Schulalltag für ein hochsensibles Kind erträglicher und angenehmer zu gestalten, sodass es im Idealfall sein enormes Potenzial entfalten und so den Schulerfolg erbringen kann, der seinen zahlreichen und vielseitigen Fähigkeiten angemessen ist. Es könnten z.B. Rückzugsräume und -

möglichkeiten geschaffen werden, in die ein hochsensibles Kind sich in den Pausenzeiten oder zwischen zwei Schulstunden für einige Minuten zurückziehen kann, wann immer es dies braucht und möchte.

Statt in den Pausen ununterbrochen dem enormen Lärmpegel auf dem Schulhof ausgesetzt zu sein, kann es stattdessen für kurze Zeit allein sein und dabei Kraft, Ruhe und Energie für den restlichen Schultag tanken. Im Unterricht sollte ein hochsensibles Kind nur dann neben einem anderen Kind sitzen müssen, wenn dies wirklich erforderlich oder platzmäßig nicht anders möglich ist.

Ansonsten sollte ein hochsensibles Kind immer auch die Möglichkeit haben, allein ohne einen Tischnachbarn bzw. ganz hinten, ganz vorne oder am Rand sitzen zu können. In extremen bzw. Ausnahmesituationen oder wenn die Überreizung und Überforderung für das Kind gar nicht mehr auszuhalten sind, dann sollte es ihm gestattet sein, sich auch während des Unterrichts eine individuelle Pause zu nehmen und den Klassenraum für ein paar Minuten verlassen zu können. Hierbei sollte der Lehrer (eventuell auch die Schulleitung) Verständnis für die Bedürfnisse und Nöte eines hochsensiblen Kindes zeigen und seine Erlaubnis für das Verlassen des

Klassenzimmers auch während des Unterrichts erteilen, denn einen rechtlichen Anspruch darauf hat das Kind nicht.

Hilfreich ist es für ein hochsensibles Kind auch, einen festen "Bezugslehrer" und Ansprechpartner (Vertrauenslehrer) zu haben, zu dem es eine Bindung aufbauen und mit dem es jederzeit sprechen und sich austauschen kann. Dies kommt sowohl dem Sicherheitsbedürfnis eines hochsensiblen Kindes entgegen als auch seinem Wunsch nach beständigen und verlässlichen Beziehungen.

Zudem sollten eine reizreduzierte Atmosphäre und Lernumgebung geschaffen werden, in der das Kind (falls der Lehrplan dies zulässt) bei Bedarf auch allein lernen/ lesen oder Aufgaben erledigen kann. Eventuell ist es sogar möglich, Klassenarbeiten/ Klausuren und Tests allein in einem anderen Raum zu schreiben. Wenn ein hochsensibles Kind sich nicht an Gruppenaktivitäten, Projekten oder Lerngruppen beteiligen will, so sollte es nicht dazu gezwungen oder überredet werden, sondern stattdessen alternative Aufgaben/ Projekte erhalten, die es auch allein (oder nur mit dem besten Freund/ der besten Freundin) erledigen kann.

Grundsätzlich ist es immer auch ratsam, nicht nur Schwächen und Defizite auszugleichen, sondern gezielt auch die mit Hochsensibilität verbundenen Stärken und Fähigkeiten zu unterstützen und hervorzuheben.

So könnte ein kreatives und künstlerisch begabtes, hochsensibles Kind z.B. ein dekoratives Bild für den Klassenraum malen, eine Deko-Skulptur basteln oder Ideen für Kunstprojekte entwickeln. Ein schreibbegabtes und wortgewandtes Kind könnte Artikel für die Schülerzeitung schreiben oder ein hochsensibles Kind mit seinem ausgeprägten Gerechtigkeitssinn, diplomatischen Geschick und guten Gespür für Konfliktlösungen könnte als Mentor oder Streitschlichter der Klasse oder sogar der gesamten Schule eingesetzt werden.

Diese Betonung der Vorzüge von Hochsensibilität und der individuellen Begabungen und Kompetenzen eines hochsensiblen Kindes können dessen Selbstvertrauen und Selbstbewusstsein auch nachhaltig so positiv beeinflussen, dass es auch später als Erwachsener bzw. in seinem Berufsleben davon profitiert.

Auch im hektischen und leistungsorientierten Schulalltag ist es also möglich, die Bedürfnisse hochsensibler Kinder zu berücksichtigen, sodass diese nicht untergehen oder durchs Raster fallen müssen. Hochsensible Kinder verfügen über eine ganze Reihe von Fähigkeiten, die in der Schule gefragt und für eine erfolgreiche Schullaufbahn eigentlich sogar unabdingbar sind. Leider bleiben diese Fähigkeiten oft unbeachtet, weil die Schwierigkeiten hochsensibler Kinder oft überwiegen und diese zumeist damit beschäftigt sind, ihre Schwierigkeiten zu minimieren, auszugleichen oder einfach nur irgendwie damit umzugehen.

Der Schlüssel zu einer erfolgreichen Schullaufbahn und einem freudvollen Schulalltag trotz Hochsensibilität liegt im Verständnis und in der Unterstützung durch Eltern, Lehrer, schultätige Sozialpädagogen, Schulleitung etc. Hierfür bedarf es einer engen und vertrauensvollen Zusammenarbeit zwischen allen Beteiligten. Gegenseitige Schuldzuweisungen, Machtkämpfe, Kompetenzgerangel oder Drohkulissen haben hier keinen Platz. Im Mittelpunkt des Interesses und der Bemühungen aller sollte immer das hochsensible Kind mit all seinen Besonderheiten, Bedürfnissen und Fähigkeiten stehen. Wenn dies gelingt und ein hochsensibles Kind sich angenommen und akzeptiert fühlt, so wie es ist, so dürfte dem Schulerfolg und vielleicht sogar dem Spaß am Lernen nichts mehr im Wege stehen.

WIE KÖNNEN ELTERN IHR HOCHSENSIBLES KIND IM ALLTAG ERZIEHEN, BEGLEITEN UND UNTERSTÜTZEN?

Auch wenn es schwierig ist und Eltern oft an die Grenzen ihrer eigenen Belastbarkeit bringt: Es ist möglich und nötig, ein hochsensibles Kind so zu begleiten und zu unterstützen, dass diese besondere Veranlagung des Kindes mit all ihren Eigenschaften und Vorzügen zu einer Bereicherung für die ganze Familie wird.

Wie schon mehrfach erläutert, muss dafür zunächst die Hochsensibilität des Kindes als solche erkannt und angenommen werden, wobei es bis dahin meist schon ein weiter Weg ist, denn in den seltensten Fällen werden schon Säuglinge oder Kleinstkinder als hochsensibel identifiziert.

Hochsensible Kinder werden von ihrem Umfeld schnell als "Tagträumer", "Sensibelchen" oder "Heulsusen" abgestempelt. Doch diese Bezeichnungen sind nicht nur despektierlich und herabwürdigend. Sie treffen auch nicht den Kern der hochsensiblen Persönlichkeit und werden darüber hinaus den damit einhergehenden Fähigkeiten, Begabungen und Qualitäten nicht ansatzweise gerecht.

Die Erziehung eines hochsensiblen Kindes im Alltag sollte geprägt sein von liebevoller Zugewandtheit, Gesprächsbereitschaft, aktiver Unterstützung und Begleitung bei Alltagsfragen und -problemen und natürlich vollständiger und vorbehaltloser Akzeptanz, im Idealfall sogar Stolz. Denn die Fähigkeiten und vielseitigen Begabungen hochsensibler Kinder sind teilweise so außergewöhnlich, dass Eltern mit Recht stolz auf ihr Kind sein können.

Keinesfalls sollte ihm suggeriert oder gar explizit gesagt werden, dass es ganz anders ist als die anderen Kinder oder dass mit ihm etwas nicht stimmt. Vielmehr sollten Eltern ihr hochsensibles Kind aktiv fördern und im Alltagsleben dafür sorgen, dass ihr Kind sich wohlfühlt und möglichst selten in Situationen der Überreizung und Überforderung gerät. Ein hochsensibles Kind sollte sich weder alleingelassen noch überbehütet und bevormundet fühlen.

Auch hier ist natürlich ein "goldener Mittelweg" ideal, aber nicht immer leicht zu finden. Die verschiedenen Bedürfnisse des Kindes (nach Autonomie, Sicherheit, Beziehung, Verständnis, Aufmerksamkeit, Selbstständigkeit etc.) sowie auch seine persönlichen Grenzen müssen immer wieder neu ausgelotet und das Maß an elterlicher Fürsorge entsprechend angepasst werden. Hochsensible Kinder brauchen einen gut strukturierten und planbaren Alltag, der aus möglichst zuverlässigen und immer gleichen Abläufen und Routinen bestehen und nicht viele Überraschungen bereithalten sollte. Hierbei hilft schon ein fester und langsamer Lebensrhythmus, in dem Stress und Hektik weitestgehend vermieden werden.

Das Kind sollte morgens gut ausgeschlafen sein und im Idealfall jeden Tag etwa um dieselbe Zeit aufstehen, nach Möglichkeit früh genug, um gemütlich und ohne Eile den Tag beginnen zu können. Ein Wecker, der erst in letzter Sekunde klingelt, würde für ein hochsensibles Kind bereits Stress erzeugen, bevor der Tag überhaupt begonnen hat. Es sollte für jeden Tag der Woche einen festen Plan geben, an dem das Kind sich orientieren kann.

Täglichen Freizeitstress am Nachmittag gilt es zu vermeiden. Vielmehr sollte das Kind genug Zeit und Gelegenheit haben, sich von den vielen Eindrücken und Sinneswahrnehmungen des Schultages zu erholen. Auch der Medienkonsum eines hochsensiblen Kindes sollte deutlich reduziert sein und sich – je nach Alter – auf eine bestimmte Anzahl von Lieblingssendungen bzw. auf einen bestimmten Zeitraum beschränken, den das Kind vor dem Fernseher, am Computer, Laptop, Tablet, Handy oder mit der

Spielkonsole verbringen darf. Übermäßiger Medienkonsum bedeutet eine weitere ungefilterte Reizüberflutung, die das empfindliche Nervensystem eines hochsensiblen Kindes zusätzlich triggert und belastet.

Regelmäßige Aktivitäten in Vereinen, Schülerjobs, Besuche bei Freunden oder familiäre Ausflüge und Freizeitaktivitäten wie auch Reisen sind natürlich möglich und können ein hochsensibles Kind erfreuen, erfüllen und sein Selbstvertrauen steigern. Außerdem sorgen sie für willkommene Abwechslung. Es sollte jedoch sorgfältig ausgesucht und selektiert werden, welche Aktivitäten geeignet sind, dem Kind wirklich Freude bereiten und welche hingegen schnell eine Überforderung für das Kind bedeuten würden.

Generell eignen sich eher ruhige, aber trotzdem interessante und abwechslungsreiche Aktivitäten, wie z.B. Waldspaziergänge, Museumsbesuche oder Erholungsurlaube abseits großer Touristenzentren. Allgemein empfinden fast alle hochsensiblen Kinder regelmäßige und ausgedehnte Aufenthalte in der Natur als wohltuende Energiequellen, wo sie Kraft und Ruhe tanken und sich von den Strapazen des Alltags mit seinen vielen Eindrücken und Reizen erholen können. Allzu trubelige oder überlaufene

Ausflugs- und Urlaubsziele sollten hingegen gemieden werden, ebenso wie ständige Besuche von mehreren Freunden gleichzeitig oder die Mitgliedschaft in zu vielen Vereinen. Stattdessen lieber sollte es lieber nur ein einziger Verein sein, der dem Kind dafür umso wichtiger ist. Lieber nur ein guter Freund, der regelmäßig zu Besuch kommt und dem Kind wirklich am Herzen liegt, als jeden Tag neue Kinder einladen, mit denen der Kontakt immer nur oberflächlich bleibt.

Eine ruhige und strukturierte Lernumgebung, in der das Kind konzentriert und ohne Ablenkung seine Hausaufgaben erledigen oder für Klassenarbeiten lernen kann, ist ebenso wichtig wie Zeit und Raum für künstlerische und kreative Gestaltung. Überhaupt sollten Eltern etwas finden (oder das hochsensible Kind findet selbst etwas für sich), dass ihm Freude bereitet und worin es besonders gut ist (beispielsweise Malen, Basteln, Kochen, Backen, Lego bauen etc.).

Ein Hobby zu haben, welches ihm besonders gut liegt, worin es aufgehen und womit es sich lange und begeistert beschäftigen kann, trägt viel zur Zufriedenheit und zur inneren Ausgeglichenheit eines hochsensiblen Kindes bei. Zudem wird auch sein Selbstvertrauen durch das Wissen, etwas besonders gut zu können, gestärkt.

Förderlich für das Wohlbefinden eines hochsensiblen Kindes ist außerdem eine möglichst reizarme und ruhige Wohnatmosphäre, d.h. keine grellen oder zu bunten Farben an Wänden, Möbeln, Vorhängen oder Bettwäsche. Möglichst wenig Durcheinander und Chaos ist in diesem Zusammenhang hilfreich. Alles sollte einen festen Platz haben, das Haus bzw. die Wohnung sollte nicht vollgestellt sein, überhaupt sollten nicht zu viele Möbel, Gegenstände oder "Krimskrams" angesammelt werden. Und auch auf zu viele Uhren oder Wecker sollte verzichtet werden, da diese Zeitdruck und Hektik suggerieren.

Im Alltagsleben mit einem hochsensiblen Kind gilt es also – zumindest, wenn dessen Hochsensibilität idealerweise in den Familienalltag miteinbezogen wird – einige Besonderheiten zu beachten, bestimmte Dinge zu vermeiden oder anders zu handhaben als bei einem normalsensiblen Kind. Dies bedeutet Umgewöhnung, Anstrengung, Rücksichtnahme und bisweilen auch Verzicht.

Im Gegenzug jedoch werden die Eltern (und Geschwister) von ihrem hochsensiblen Kind mit einer Persönlichkeit beschenkt, die an Vielseitigkeit, emotionalem Reichtum, Empathiefähigkeit, Kreativität, Gerechtigkeitsempfinden und vielen anderen wertvollen Eigenschaften ihresgleichen sucht.

Abschließend lässt sich sagen: Ein hochsensibles Kind ist wie ein ungeschliffener Diamant. Und wenn es mit dem richtigen Fingerspitzengefühl und Sachverstand sowie der gebotenen Vorsicht behandelt wird, so wird es schon bald seine prächtige und kostbare Erscheinung voll zur Geltung bringen.

Herstellung und Verlag:

BoD – Books on Demand, Norderstedt

ISBN: 9783751966993

1. Auflage

Kontakt: Psiana eCom UG/ Berumer Str. 44/ 26844 Jemgum

Covergestaltung: Fenna Larsson

Coverfoto: depositphotos.com